에듀윌과 함께하면 꿈은 현실이 됩니다

KB073751

에듀윌

합격자 모임 실제 현장 (서울 강남 코엑스)

6년간 아무도 깨지 못한 기록

합격자 수 1위
에듀윌

공인중개사 최다 합격자 배출 공식 인증 (KRI 한국기록원 / 2016, 2017, 2019년 인증, 2022년 현재까지 업계 최고 기록)

에듀윌을 선택한 이유는
분명합니다

4년 연속 취업 교육
1위

합격자 수 수직 증가
2,557%

취업 교재 누적 판매량
180만부

베스트셀러 1위 달성
1,824회

에듀윌 취업을 선택하면
합격은 현실이 됩니다.

누적 판매량 180만 부 돌파*
베스트셀러 1위 1,824회 달성*

공기업, 대기업, 취업상식
수많은 취준생이 선택한 합격 교재

공사 공단 NCS 베스트셀러 1위

삼성 GSAT 베스트셀러 1위

취업상식 86개월 베스트셀러 1위

더 많은
에듀윌 취업 교재

에듀윌 취업 전 교재[*] 동영상 강의 무료

교재 연계 맞춤형 강의가 무료

이시한의 적중 최신 월간NCS 특강

IBK기업은행 기출변형 문제풀이 무료특강

LG인적성 기출유형 무료특강

국민건강보험공단 2020년 9월 시행 기출복원 (법률) 주요문제 무료특강

지역농협 6급 대표유형 문제풀이 무료특강

LH 한국토지주택공사 기출복원 모의고사 주요 문제풀이 무료특강

2020년 9월 시행 국민건강보험공단 기출복원 모의고사 주요 문제풀이 무료특강

5대 철도공사/공단 NCS 주요 문제풀이 무료특강

대기업 인적성 수리·추리 영역 대표유형 무료특강

한국수력원자력+5대 발전회사 PSAT형/피듈형 주요 문제풀이 무료특강

롯데 L-Tab 실전모의고사 문제풀이 무료특강

한국수자원공사 기출복원 모의고사 주요 문제풀이 무료특강

국민건강보험공단 NCS 대표기출 유형 문제풀이 무료특강

2020년 10월 시행 한전 기출변형 모의고사 주요 문제풀이 특강

공기업 NCS 통합 PSAT형/모듈형 주요 문제풀이 무료특강

GSAT 기출변형 무료특강

면접관이 말하는 NCS 자소서와 면접 전기 직렬 무료특강

면접관이 말하는 NCS 자소서와 면접 사무행정 직렬 무료특강

2020년 7월 시행 부산교통공사 기출복원 모의고사 주요 문제풀이 무료특강

NCS 입문자를 위한, 최소 시간으로 최대 점수 만들기 무료 특강

2020년 10월 시행 코레일 기출복원 모의고사 주요 문제풀이 무료특강

한국전력공사 최신기출복원 모의고사 풀이 무료특강

이시한의 NCS 모듈형 완전정복 무료특강

PSAT형 NCS 자료해석 문제풀이 무료특강

끝까지 살아남는 대기업 자소서 무료특강

6대 출제사 빈출유형 무료특강

SKCT 최신 기출분석 무료특강

GSAT 개념 완성 무료특강

코레일 NCS 대표 기출유형 문제풀이 무료특강

NCS 10개 영역 기출유형 무료특강

이 교재 강의 월간NCS 무료특강(2강)

| 수강 경로

| 에듀윌 홈페이지
(www.eduwill.net)
로그인 | ▶ | 공기업/대기업 취업
클릭 | ▶ | 무료특강
클릭 |

무료특강
수강신청

※ 강의는 매달 25일에 월별로 오픈 예정이며, 강의명, 오픈일자, 강의 수 등은 변경될 수 있습니다.

* 2021년 상반기 공기업/대기업 기본서, 봉투모의고사 출간 교재 기준

모바일 OMR
자동채점&성적분석 무료

정답만 입력하면 채점에서 성적분석까지 한번에!

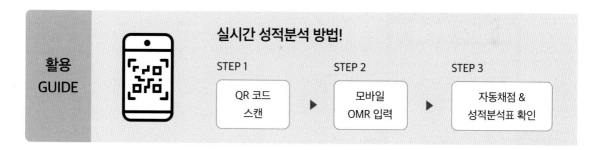

활용 GUIDE

실시간 성적분석 방법!

STEP 1
QR 코드 스캔

▶

STEP 2
모바일 OMR 입력

▶

STEP 3
자동채점 & 성적분석표 확인

STEP 1

교재 내 QR 코드 스캔

- 교재 내 QR 코드를 모바일로 스캔 후 에듀윌 회원 로그인
- QR 코드 하단의 바로가기 주소로도 접속 가능

STEP 2

모바일 OMR 입력

- 회차 확인 후 '응시하기' 클릭
- 모바일 OMR에 답안 입력
- 문제풀이 시간까지 측정 가능

STEP 3

자동채점 & 성적분석표 확인

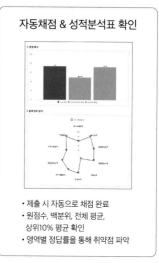

- 제출 시 자동으로 채점 완료
- 원점수, 백분위, 전체 평균, 상위10% 평균 확인
- 영역별 정답률을 통해 취약점 파악

응시내역 통합조회	에듀윌 문풀훈련소 또는 puri.eduwill.net
	공기업·대기업 취업 클릭 → 상단 '교재풀이' 클릭 → 메뉴에서 응시내역 확인

※ '모바일 OMR 자동채점&성적분석' 서비스는 교재마다 제공 여부가 다를 수 있으니, 교재 뒷면 구매자 특별혜택을 확인해 주시기 바랍니다.

eduwill

에듀윌 월간NCS와
#매달 #소통해요

공기업 취업 정보, 무엇이 궁금한가요?
이달의 취업에서 보고 싶은 주제,
꼭 다뤄주었으면 하는 기업을 알려 주세요.

공기업 NCS, 어떤 것이 더 필요한가요?
NCS 문항의 난이도, 영역, 유형, 희망 기업
문항 등에 대한 의견을 보내 주세요.

월간NCS에 대한 여러분의 생각을 들려주세요.
보내 주신 소중한 의견을 바탕으로 매달 더욱 발전하겠습니다.

설문조사 참여 시
스타벅스 아메리카노+공기업 취업 자료PDF 증정

공기업 NCS 자료 PDF **(참여자 전원)** 해당 월 마지막 주 메일 일괄 발송	**스타벅스 아메리카노 Tall** **(매월 1명)** 해당 월 마지막 주 개별 연락

설문조사
바로가기

※ QR 코드 스캔 또는 홈페이지(http://eduwill.kr/crdF) 접속

매달 만나는 최신 취업 트렌드

에듀윌 공기업
월간
NCS

새 학년, 새 학기가 시작되는 3월은 유독
모든 것을 새로 시작해야 할 것만 같은 달입니다.

처음부터 완벽해야 할 것 같은 압박감에,
우리는 시작도 하기 전에 머뭇거리게 되기도 합니다.

그렇지만 물방울도 바위를 뚫을 수 있는 것처럼
아주 작은 시작이더라도
커다란 결과를 만들어 낼 수 있습니다.

절대 두려워하지 마세요.
당신은 기필코 해낼 것입니다.

CONTENTS

통권 제15호 2022. 03

펴낸곳 (주)에듀윌 **펴낸이** 이중현 **출판총괄** 김형석

개발책임 김기임, 윤은영 **개발** 심재은, 금혜원 **디자인 책임** 김소진 **표지 디자인** 장미례 **내지 디자인** 석지혜, 이지현

주소 서울시 구로구 디지털로34길 55 코오롱싸이언스밸리 2차 3층

대표번호 1600-6700 **등록번호** 제25100-2002-000052호

* 협의 없는 무단 복제는 법으로 금지되어 있습니다.

이/시/한/의
취준진담

취업을 **준**비하는 사람들을 위한 **진**솔하고 **담**백한 이야기

글쓴이 ㅣ 이시한(성신여대 겸임교수)

취업시장에
봄은 올 것인가?

코로나19 이전 구직자들은 좋은 일자리를 기다리긴 하지만, 그래도 조금 덜 만족스러운 일자리로 우선 취업을 하곤 했다. 하지만 코로나19로 인해 지원금이 증가하고, 돈이 정 필요하면 배달 알바 같은 플랫폼 노동이나 긱노동을 통해 어느 정도 돈을 조달할 수 있는 방법이 있다. 또한 활동의 감소로 생활비 역시 감소하는 등 버틸 만한 요소가 많이 증가했다. 비정규직으로 들어가느니 차라리 좋은 일자리를 찾을 때까지 버티는 것이다.

컨퍼런스가 있어 미국에 다녀왔다.
하루 100만 명의 오미크론 확진자가 속출하는
엄청난 시국에 미국에 갔기 때문에
매우 몸을 사리며 다녔고,
다행히 무사히 귀국을 했는데
미국에서 흥미로운 현상을 하나 발견했다.
거의 대부분의 업체들이
'Now Hiring'이라는 표지판을 내걸고
인력을 구하고 있었다는 것이다.
특히 외식업은 거의 100%
인력 부족에 시달리고 있었고
사람이 필요한 대부분의 다른 업체들도
인력 부족 현상을 겪고 있었다.
휴스턴의 한 커피 전문브랜드는
아르바이트할 사람을 구하지 못해서
오후 4시면 문을 닫기도 했다.

구인난과 구직난이 동시에 나타나는 이유

현재 나타나고 있는 구인난은 코로나19로 풀린 많은 지원금을 탓하기에는 너무 만성적이고 꽤 장기적이다. 한국은행이 분석한 미국 구인난의 원인은 과도한 실업수당, 보육 공백, 코로나19 등의 전염병 감염 우려 등이다. 사실 미국의 실업 수당이 꽤 많은 면이 있어서, 일을 하면 10~12달러 정도의 시급을 받지만, 일을 하지 않고 실업 수당과 코로나19 추가 보조금만을 수령해도 시간당 15달러 정도의 시급을 받는 것이나 마찬가지이다. 일을 하지 않는 게 돈을 더 많이 버는 길이다 보니 많은 사람들이 일자리에 달려들지 않는 현상이 나타난다. 하지만 주마다 추가 실업 수당 지급을 종료한 이후에도 사람들은 일자리로 돌아가지 않고 있다.

사실 지금 미국에서는 SNS상에 사직서를 올리며 인증하는 것이 유행하는 등 반노동 운동이 일어나고 있다. 반노동 운동을 하는 사람들은 일을 하지 않아도 행복해질 수 있다는 의미에서 '게으름뱅이(Idler)'라는 별칭으로도 불리고 있다. 그런데 이 반노동의 방향성을 자세히 살펴보면 무조건 일을 안 하겠다는 것이 아니라, 정규직이어도 안정적이지 않은 일자리를 가지지 않겠다는 것이다. 그래서 지금 시장에서는 구인난과 취업난이 동시에 나타나는 모순적인 상황이 발생하고 있다.

기업에서는 뽑을 사람이 없고, 구직자는 취업할 곳이 없다. 하지만 이 상황을 자세히 살펴보면 말도 안 되는 이야기만은 아니라는 것을 알 수 있다. 기업에서 뽑으려고 하는 사람들은 비정규직이거나 아니면 로우 레벨의 기술을 요하는 정도의 노동 인력이고, 구직자들이 가려고 하는 곳은 안정적이고 대우가 좋은 정규직 레벨의 일자리이다. 물론 이런 일자리 미스 매칭은 코로나19 이전부터 있었던 현상이긴 하지만, 코로나19 이후 이런 현상이 더욱 심화되고 있다.

미국의 실업 수당이 꽤 많은 면이 있어서,
일을 하면 10~12달러 정도의 시급을 받지만,
일을 하지 않고 실업 수당과 코로나19 추가 보조금만을 수령해도
시간당 15달러 정도의 시급을 받는 것이나 마찬가지이다.

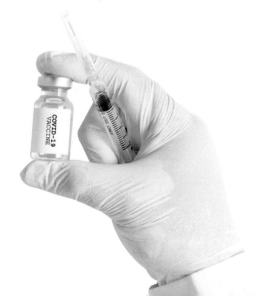

통계적 왜곡의 위험

앞서 말한 상황들은 통계적인 왜곡을 가져오게 된다. 정부 입장에서는 일자리가 있는데도, 사람들이 일을 하지 않으려고 해서 문제라는 견해를 유지할 수 있다. 발표 역시 고용이 회복되고 있다고 할 수 있는 것이다. 하지만 코로나19 이후 구직자들이 가고자 하는 일자리는 더더욱 안정성을 우선적으로 보장하는 일자리이다. 기업으로부터 구직자들의 안정성을 지키는 것뿐 아니라, 기업 자체의 안정성도 이슈가 되었다. 하루아침에 기업이 사라지거나 계약이 끊기면서, 정규직인데도 불구하고 피해를 볼 수 있는 상황을 많은 사람들이 겪고 있기 때문이다. 결국 여러 가지를 다 따지게 되었다는 말이다. 하지만 반대로 구직자들에게 안정적인 일자리는 기업들에게는 매우 위험한 일자리이다.

고용의 유연성이 없다는 것은 위기 상황에서도 인건비를 절약하지 못한다는 것이고, 코로나19 같은 비상상황에 취약하게 된다. 기업들은 IT개발 같은 확실하게 필요한 일자리 외에는 유연한 고용 조건을 가져가려고 할 것이다. 그 일환으로 한국 대기업들은 공채를 폐지하고 대부분 수시채용으로 채용의 형태를 바꾸었다. 필요할 때 필요한 사람을 뽑겠다는 것인데, 달리 이야기하면 필요하지 않으면 사람을 굳이 뽑지 않겠다는 얘기로, 공채가 필요 여부에 상관없이 때 되면 뽑아야 되는 제도인 것과 비교된다. 이것은 기업의 사회적 책임과 기업의 생존 간의 밸런스를 맞추어야 하는 것이다. 코로나19 시국에서는 기업의 생존이 조금 더 우선적으로 적용되었기 때문에 많은 기업들이 그 핑계로 과감하게 수시채용으로 전환하게 되었던 것이다.

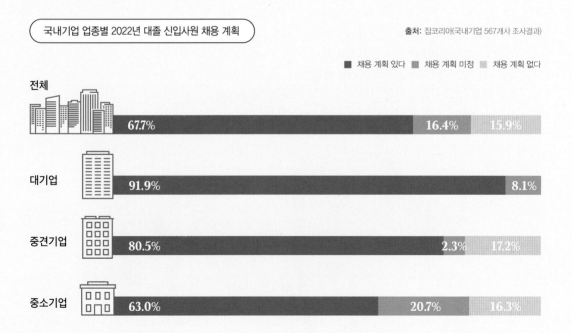

국내기업 업종별 2022년 대졸 신입사원 채용 계획

출처: 잡코리아(국내기업 567개사 조사결과)

■ 채용 계획 있다　　▨ 채용 계획 미정　　▥ 채용 계획 없다

전체　　67.7%　　16.4%　　15.9%

대기업　　91.9%　　8.1%

중견기업　　80.5%　　2.3%　　17.2%

중소기업　　63.0%　　20.7%　　16.3%

일자리가 필요한 구직자는 많지만 로우 레벨의 고용 조건을 감수한 일자리보다는, 차라리 지원금을 수령하고 긱노동을 하면서 하이 레벨의 고용 조건을 기다리는 상황이다. 그런 면에서 보자면 구인난이라고 해서 공기업 채용을 준비하는 사람들의 어깨가 가벼워지는 상황은 아닌 것이다.

취업포털 사이트 잡코리아가 국내기업 567개사의 채용담당자를 대상으로 '올해 대졸 신입사원 채용 계획'에 대해 설문 조사를 진행한 결과, 올해 대졸 신입사원 채용 계획을 확정한 기업은 67.7%로 나타났다고 밝혔다. 10개 기업 중 7개 기업이 채용계획이 있다는 것이다. 하지만 이 말을 믿고 "채용 시장에 봄이 오고 있구나."라고 생각하기에는 일자리의 종류와 뽑는 사람의 자격이 어떤 것인지 알아야 한다.

응답 기업 채용 담당자들이 신입사원 채용 시 중요하게 평가하는 기준은 '지원 분야에서 일해 본 경험(53.8% · 복수응답)'을 1위로 들었다. 그리고 2위는 '지원 분야 전문지식과 자격증 보유(38.6%)'이다. 그렇다는 얘기는 말이 신입사원이지 경력사원을 뽑는 것과 마찬가지라는 이야기다.

또 하나, 채용의 종류인데, 기업들은 '수시채용(50.0%)', '공개채용(27.3%)', '상시채용(22.7%)'순으로 채용 계획을 밝히고 있다. 72.7%가 수시채용인데, 공채가 아닌 한 이런 채용계획은 언제든지 변경될 수 있다. 정규직인가 비정규직인가에 대한 계획은 논의되지 않았기 때문에 이 부분까지 따져보면, 사실상 신규채용을 노리는 구직자들에게 과연 채용시장의 봄이 오는가에 대한 생각에는 회의감이 들지 않을 수 없다.

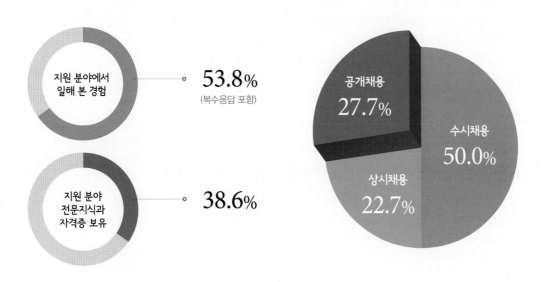

신입사원 채용 시 중요하게 평가하는 기준

지원 분야에서 일해 본 경험
53.8%
(복수응답 포함)

지원 분야 전문지식과 자격증 보유
38.6%

신입사원 채용의 종류

공개채용
27.7%

수시채용
50.0%

상시채용
22.7%

기저효과로 인한 착시의 가능성

교육부와 한국교육개발원은 '2020년 고등교육기관 졸업자 취업통계 조사결과'를 2021년 12월에 발표했다. 2019년 8월과 2020년 2월에 전국 대학과 일반대학원을 졸업한 55만 3,521명을 대상으로 취업현황을 2020년 12월 31일 기준으로 조사한 자료로, 코로나19 이후 최초로 발표된 취업률이다.

조사대상인 48만 149명 중 65.1%인 31만 2,430명이 취업된 것으로 조사되었는데, 2011년 조사 시작 이후 취업률이 65%대로 떨어진 건 처음으로 역대 최저치라고 한다. 코로나19 시국이라는 것을 생각해 보면, 이 조사 결과는 일견 이해가 가긴 한다. 그런데 한 가지 예상할 수 있는 것은 앞으로 위드 코로나 시대가 되면서 정부 발표에서 "취업률 몇 % 증가"라는 발표가 계속 있을 것이라는 것이다.

기저효과라는 것이 있어서 기준이 되는 수치가 낮아지면, 조금만 올라도 전년 대비 몇 % 올랐다고 발표할 수가 있기 때문이다. 그러니 신문상에서는 연일 고용이 회복되는 것 같은 수치가 발표될 텐데, 체감상 채용의 봄을 느끼기는 힘들 것이다.

수치로만 존재하는 취업 시장의 봄

취업시장의 봄은 당분간 수치로만 존재할 것이다. 수시채용을 하는 여러 기업에 지원을 해서 다양한 기회를 만드는 것도 좋지만, 새로운 기회가 오는 듯하여 공기업 준비를 소홀히 하다간 자칫 이도 저도 아니게 될 가능성이 생기게 된다. 그러니 공기업의 공채를 준비하는 입장에서는 부화뇌동하지 않고 자신의 계획을 설계하고, 우직하게 밀어붙이는 것이 필요할 것이다.

출처: 교육부 2020년 고등교육기관 졸업자 취업통계 조사결과

[졸업자 수]

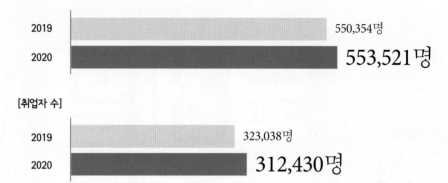

| 2019 | 550,354명 |
| 2020 | **553,521명** |

[취업자 수]

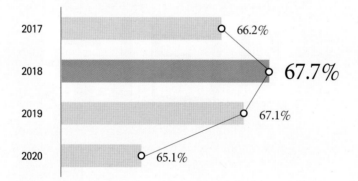

| 2019 | 323,038명 |
| 2020 | 312,430명 |

2017 ~ 2020년 취업률 증감 추이

출처: 교육부 2020년 고등교육기관 졸업자 취업통계 조사결과

2017	66.2%
2018	**67.7%**
2019	67.1%
2020	65.1%

코레일
합격자
인터뷰

이번 월간NCS 2022년 3월호에서는
2021년 하반기 한국철도공사 공채에
최종 합격하신 합격자 A님과
한국철도공사 취업 준비 과정에 관한 인터뷰를 담았습니다.
서류 전형부터 필기시험, 면접, 그리고 최종 합격까지,
합격자 A님의 한국철도공사
합격 노하우를 모두 공개합니다.

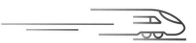 인터뷰를 시작하며

Q 지원한 기업, 직렬에 대해 간단히 말씀 부탁드립니다.

A 안녕하세요. 한국철도공사 사무영업 수송에 지원해 현재 재직 중입니다. 수송 업무는 주로 열차 조성, 해체 및 입환 협의 등을 다룹니다. 사실 지원 당시엔 취업이 급했고, 모집인원이 많아서 뭣도 모르고 지원한 감이 없지 않아 있었습니다. 그런데 입사 후 교육 때부터 한국철도공사에서 수송 경력은 앞으로 회사생활에서 큰 도움이 될 것이라는 이야기를 많이 들어 만족하며 다니고 있습니다.

Q 합격자님의 전공은 지원 직렬과 관련이 있나요?

A 저는 경영학을 전공했고 업무를 하는 데에는 지원 직렬과 무관하다고 생각합니다. 그런데 (제 근무지 기준으로) 한국철도공사가 전공시험을 도입한 이후로 합격한 사람들의 대부분은 경영학과 출신이었습니다.

Q 공기업 시험을 준비한 기간은 얼마나 되나요?

A 공기업 시험을 준비하기로 마음먹고 본가로 내려간 뒤 합격까지 7개월가량 걸렸습니다. 스터디 카페를 3개월 단위로 연장하며 이 안에 승부를 봐야겠다고 생각했거든요.

Q 공기업 시험 응시 경험은 몇 회인가요?

A 지방에 거주 중이기 때문에 시험을 보러 가는 시간, 비용이 너무 아까워 그다지 많이 지원하지는 못했습니다. 취준 기간 동안 총 7곳의 시험을 봤습니다.

서류 전형

한국철도공사 인재상

• 사람중심의 사고와 행동을 하는 인성, 열린 마인드로 주변과 소통하고 협력하는 사람지향 소통인
• 고객만족을 위해 지속적으로 학습하고 노력하는 고객지향 전문인
• 한국철도의 글로벌 경쟁력을 높이고 미래의 발전을 끊임없이 추구하는 미래지향 혁신인

기업 합격 당시 스펙과, 스펙 중에 취업 준비 중 가장 큰 도움이 된 것을 알려 주세요.

남들보다 특출 나지도, 부족하지도 않은 스펙이었습니다. 수도권 4년제 졸업, TOEIC 915, OPIc IH, KBS한국어 2−, 컴퓨터활용능력 1급, 한국사능력시험 1급, 전산회계 1급, 단기계약직 경력, 인턴경험 1회, 대외활동 경험 1회였습니다.
가장 크게 도움이 된 것은 KBS 한국어능력시험 자격증이었습니다. 요즘 들어 한국어능력시험 가점을 쳐주는 회사가 늘어나는 추세더라고요. 덕분에 정량컷인 회사들은 무난하게 서류 합격했습니다.

가산점이 부여되는 자격증 중 보유한 자격증은 무엇이며, 어떻게 준비하셨나요?

가산점으로 활용한 자격증은 컴퓨터활용능력 1급뿐이었습니다. 서류 제출 기간 이틀 후에 전산회계 1급 자격증이 나왔거든요. 컴퓨터활용능력은 인강으로 준비했는데, 한 번에 붙지 못하면 큰일이라는 생각에 2주 동안 인강에서 시키는 대로 다 했고, 덕분에 한 번에 바로 붙을 수 있었습니다. 전산회계 1급은 에듀윌에서 나온 문제집으로 준비했는데 실기자료가 잘돼 있어서 단기간에 무난하게 합격했습니다.

코레일만의 서류 전형상 특징은 무엇이라고 생각하시나요?

한국철도공사는 서류에 있어서 문턱이 전혀 높지 않다는 점이 가장 큰 특징이라고 생각합니다. 그래서 가산점을 부여하는 자격증을 보유 중이라고 해서 다 적어 넣지도 못해요. 그러니 너무 걱정 안 하셔도 될 것 같습니다. 다만, 면접전형을 위해서 어느 정도는 가산점 획득에 신경을 써 주셨으면 좋겠습니다.

그렇다면 합격자님이 코레일 지원 시 실제 기입했던 자격증은 무엇이었나요?

컴퓨터활용능력 1급 딱 하나밖에 못 넣었어요. 모두가 갖고 있는 컴활과 한국사가 같은 항목에 있거든요. 그래서 필기점수에 가점 3점을 받았습니다.
코레일은 가점을 그대로 필기점수에 포함해주는데 이게 꽤 중요해요. 가점으로 9점을 받는 사람도 있는데 이런 사람을 필기 한두 문제 차이로 넘어설 순 없으니까요.

준비하면서 가장 어려웠던 점은 무엇이며, 어떤 매체를 통해 가장 도움을 받으셨나요?

자소서였는데, 논술형 시험 등 대학 입시할 때부터 글 쓰는 데에는 아주 젬병이었습니다. 그래서 유튜브를 보며 자소서 틀을 잡았고 작성한 자소서는 공기업에 이미 취업한 친구들에게 보여 주며 피드백을 부탁했습니다. 정말 글은 쓸수록 느는 것인지 친구들도 시간이 갈수록 자소서가 읽기 편해진다고들 말해 주었습니다.

자기소개서 작성 시 가장 쓰기 어려웠던 항목은 무엇인가요?

'지원 분야의 직무를 수행하는 데 있어 지원자의 전문성, 장점을 소개하고 전문성 향상을 위한 그동안의 노력과 입사 후 코레일 기여 방안에 대해 작성해 주십시오.' 라는 마지막 문항이 제일 어려웠습니다. 앞서 말씀드렸듯이 부끄럽지만 저는 지원 직무에 대한 이해도가 낮은 상태에서 지원을 했습니다. 코레일의 사무직이 일반 사무직과 다를 바 없다고 생각했었거든요. 그래서 면접 스터디 할 때 스터디원들이 유난히 마지막 문항에서 태클을 많이 걸기도 했습니다. 여러분은 지원 시 직무소개영상과 직무기술서를 꼼꼼히 읽어보시길 바랍니다.

그렇다면 본인의 직무에 2022년에 지원하는 분들에게 자신의 업무를 간단하게 소개한다면 무엇이라고 말씀드릴 수 있을까요?

코레일의 사무영업 수송직은 여객과 물류의 안전한 수송을 책임지고 있습니다. 현장에서 발생하는 돌발상황에 대한 대처능력과 책임감, 그리고 협업능력이 업무에 있어 가장 중요하다고 생각합니다. 모두가 바라는 코라밸, 나중을 위한 진급 시험을 생각해서라도 코레일 생활을 수송업무로 시작하는 것을 추천드립니다.

필기 전형

미션 | 사람, 세상, 미래를 잇는 대한민국철도
비전 | 대한민국의 내일 국민의 코레일
핵심가치 | 안전:국민안전 · 안전역량/고객:고객만족 · 직원행복/소통:국민소통 · 노사상생

NCS는 어떻게 공부하셨나요?

저는 온, 오프라인 스터디를 최대한 활용했습니다. 아침 8시에 온라인 전공스터디 숙제를 하고 난 뒤 아침 9시에 스터디카페에 도착했습니다. 스터디카페에 도착한 후 계산연습 자료를 1세트 풀었습니다.

그리고 격일로 번갈아가며 모듈형 NCS, PSAT형 NCS를 공부했습니다. 모듈형은 암기가 중요해서 아이패드에 필기를 해가며 공부했고, 한 챕터 공부가 끝나면 문제해결능력, 자원관리능력 PSAT 변형을 20문제 풀었습니다. PSAT형만 공부하는 날은 오프라인 스터디를 가거나 민경채, PSAT 한 회차를 풀었습니다. 여기까지 하면 오후 두시, 세 시쯤 되는데 이때 한 시간 정도 점심시간을 가졌습니다. 그리고 스터디 카페에 돌아와 6, 7시간 정도는 전공 공부에 올인했어요. 처음엔 일경, 회계, 재무를 하루씩 돌아가며 공부했는데 오랜 시간동안 하나만 공부하려니 재미가 없더라고요. 그래서 재무 두 시간, 회계 네 시간 또는 일경 두 시간, 회계 네 시간 이렇게 번갈아가며 공부했습니다. 사실 회계는 워낙 양이 방대하기 때문에 네 시간도 부족한 날이 많았어요. 그러면 한두 시간 정도 더 공부하다가 집에 갔습니다. 그래도 아쉬움이 남는 날엔 집에서 공기업 전공 복원 문제집을 몇 문제 더 풀다가 갔습니다.

취준 첫 한 달은 이것저것 시도해보면서 루틴을 만들어갔고, 그 이후로는 쭉 이 상태를 유지했습니다. 필기시험이 다가온다고 해서 뭘 더 특별하게 더 하진 않았습니다. 자소서를 작성해야 할 때는 9시까지 공부를 마치고 이후 시간을 활용했습니다. 빨리 자소서 쓰고 집 가고 싶다는 마음 하나로 술술 써내려고 애썼습니다.

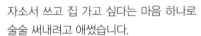

2022 최신판 에듀윌 공기업
코레일 한국철도공사 NCS+전공 봉투모의고사

2022 최신판 에듀윌 공기업
NCS 6대 출제사 찐기출문제집

온라인 스터디는 구체적으로 어떻게 활용하셨나요?

온라인 스터디는 취업 카페를 통해 일반경영, 회계 및 재무 두 가지를 들어갔습니다. 일반경영은 6명의 스터디원들이 각자 객관식 경영학 책의 20문제씩을 올려주면 푸는 방식으로, 일주일이면 6권의 책으로 공부할 수 있는 셈이었죠. 회계 및 재무는 매일 회계 10문제, 재무 10문제를 푼 뒤 공부 인증을 하는 스터디였어요. 간단했지만 모두 꾸준함이 중요한 스터디였습니다.

합격자님이 생각하기에 가장 **효율적이고 효과적**이었던 학습 방법은 무엇인가요?

오프라인 스터디가 제일 효과적이었습니다. 공기업 공부를 시작하고 갈피를 못 잡고 있을 때 스터디원들과 정보 공유를 하면서 많은 걸 배웠습니다. 사실 취준이라는 게 고독한 싸움인데 같은 처지인 사람들과 함께 힘내는 게 멘탈 관리에도 큰 도움이 됐어요.

학습한 NCS 문제집 중 가장 **도움을 받은 교재**는 무엇이었나요?

에듀윌 NCS 6대 출제사 찐기출문제집이 도움이 많이 됐습니다. 대행사마다 필기시험 스타일이 다른데 필기시험에 맞춰 그 유형을 미리 공부할 수 있어서 좋았습니다.

코레일을 준비하시는 다른 분들에게 에듀윌 NCS 6대 출제사 찐기출문제집을 **추천한다면 그 이유**를 자세히 알려 주실 수 있을까요?

나의 강, 약점을 파악하기 위해서 꼭 봐야 하는 교재라고 생각해요. 저는 이 교재를 풀면서 제가 휴노형 시험을 다른 데보다는 잘 본다는 것을 알게 됐고, 실제로 붙은 필기시험도 모두 휴노형으로 출제하는 기업들이었습니다. 그리고 다른 출제사 맞춤 교재보다 좀 더 실제 필기시험에 가까웠습니다. 출제사의 대표 유형뿐만 아니라 공기업마다 조금씩 보이는 차이점까지 잡아내고 있거든요. 공기업 NCS에 대한 감을 잡고 싶은 분들께 강추드립니다!

시중 NCS 교재에 포함된 전공 문항은 실제 시험에 어느 정도로 도움이 되었나요?
실제 필기시험 후, 가채점 결과 합격자님의 점수와 합격 커트라인 점수를 알려 주세요.

전공의 경우 유명한 출판사의 봉투모의고사에 복원이 아주 잘돼 있고, 특히 에듀윌 봉투모의고사는 시험을 본 사람들이 완벽복원이라고 할 정도였습니다.
NCS의 경우 제가 봤을 당시엔 코레일 출제 대행사가 한사능에서 휴노로 처음 바뀌었을 때였습니다. 그래서 모두가 예상한 것과 전혀 다른 방향으로 시험이 출제되었고 나름 많이 준비했다고 생각했는데 당황스럽기 그지없었습니다.
50문항 중 전공은 다 풀었는데 전공파트에서 시간 확보에 실패한 나머지 NCS는 많이 찍었습니다. 결과적으로 컷은 60점이 조금 넘었던 것 같은데 저는 가점 제외 72점으로 기억합니다. 오답 감점은 따로 없었습니다.

필기시험 준비 과정에서 중요하다고 생각하는 것은 무엇인가요?
합격자님은 한 개 기업을 대비하기 위해서 몇 개 정도의 봉모를 풀었나요?

정해진 시간 내에 푸는 연습이 가장 중요하다고 생각합니다. 사실 NCS라는 게 시간만 많으면 다 풀 수 있는 문제잖아요. 평소에 봉투모의고사를 꾸준히 풀면서 시간 관리 연습을 하는 게 필요합니다. 사실 필기시험이 몰려 있는 기간에는 한 기업만 집중해서 준비하진 못해요.
코레일이나 한수원처럼 시즌의 시작과 끝에 있는 회사들만 집중공략이 가능한데 이때는 적어도 세 가지 출판사의 봉투모의고사를 풀었습니다. 평소에는 스터디원마다 중요시하는 기업이 다르기 때문에 적절히 PSAT형, NCS형을 섞어 가며 일주일에 봉모 두세 개는 풀었습니다.

실제 필기시험 NCS 문제 중 인상 깊었던 부분과 그 이유를 남겨 주세요.

문제해결능력 파트가 의사소통능력 문제와 크게 다르지 않았던 게 기억에 남습니다.
코레일의 경우 대개 전공을 10~15분 내외로 끝낼 수 있도록 모든 수험생들이 시간분배를 하는 걸로 알고 있는데요. 제가 봤던 전공 시험은 평소보다 어렵게 나와서 NCS에 할애할 시간이 그만큼 부족했는데 다행히도 문제해결능력 파트가 의사소통과 비슷하게 나와서 빠른 시간 내에 해결할 수 있었습니다.

면접 전형

한국철도공사 면접전형은 신입사원의 자세, 열정 및 마인드, 직무능력 등을 종합평가
- 경험면접 및 직무 상황면접 포함
- 고졸전형은 '직업기초능력평가 인증서'를 참고자료로 활용
- 고득점순으로 합격자 결정(단, 실기시험 시행분야는 면접시험 50%, 실기시험 50% 종합)

면접 방식은 1:1, 1:多, 多:多 중 어느 방식이었으며, 어떻게 진행되었나요?

면접은 1:4로 진행됐습니다. 상황면접과 인성면접을 10분이라는 짧은 시간 동안 보는데 코레일의 상황면접은 딜레마 상황에 대한 미니 PT 같습니다. 먼저 상황면접에 대한 답변을 들은 뒤 인성면접을 진행하는데 답변이 잘릴 것 같으면 10분을 다 채우지 않고 면접을 끝냅니다.

면접 대기를 하는 동안 어떤 준비를 하셨으며, 어떤 것을 미리 준비하면 좋을까요?
또 딜레마 상황에 대한 미니 PT의 진행 방식 및 내용에 대해 구체적으로 설명해 주실 수 있을까요?

면접 대기를 하는 동안 저는 인데놀을 먹었습니다. 그래서 면접 당시 긴장이 하나도 되지 않았습니다. 지금은 입사 동기가 된 친구가 바로 옆자리에서 무지 긴장하고 있었는데 긴장풀라고 인데놀 하나 나눠줬습니다. 상황면접은 딜레마 상황에 대한 설명이 한 페이지 적혀 있고 이에 대해 어떠한 결정을 내릴 것인지 경제성, 창의성, 개인의 경험을 고려해 답변하는 방식입니다. 주어진 상황이 매우 구체적으로 서술돼 있기 때문에 상황에 대한 정확한 이해가 필요합니다. 그리고 형평성을 위해 각 직렬마다 모두 똑같은 질문을 받게 됩니다. 그래서 코레일 면접은 끝나도 바로 갈 수가 없어요. 상황면접은 질문지를 볼 시간을 8분간 주는데 글자가 엄청 커서 앞장에 여백이 거의 없습니다. 그래서 저는 절반 접어 뒷장에 할 말들을 짧게나마 다 정리해뒀습니다. 그리고 남은 2분 동안 제가 썼던 말들을 되새기며 한 번 더 정리했습니다. 제가 받았던 질문은 '선배가 화물운임 수수를 잘못한 상황인데 이에 대한 증빙 자료가 남아있지 않다. 이 상황에서 어떻게 행동할 것인가.'였습니다. 입사 후 동기들과 상황면접에 대한 얘기를 나눠보니 정답이 없는 문제이기 때문에 합당한 이유로 설득하는 것이 가장 중요한 것 같더라고요.

면접 전 준비했던 면접 질문은 어떤 것이 있었나요?
그중 실제로 나왔던 질문과 나오지 않았던 질문은 무엇이었나요?

코레일은 필기 합격 이후 면접 준비기간이 엄청 길어요. 한 3주 정도? 그때 면접 스터디를 두 개 나가면서 모든 기출과 빈출 질문을 준비했습니다. 너무 많은 질문을 준비했기 때문에 실제로 나오지 않은 질문은 너무 많고요.
제가 들었던 질문은 1분 자기소개, 스트레스 해소 방법, 희생한 경험, 전문성을 길러온 방법이었습니다. 아무래도 면접시간이 짧은데 상황면접도 함께 진행하다 보니, 인성 질문은 몇 개 받지 않았습니다.

면접 준비는 어떤 방식으로 하셨나요?

면접 스터디를 두 개 다녔습니다. 면접을 준비하는 3주라는 기간 동안 거의 매일 스터디에 나갔던 것 같아요. 너무 고생해서 그때 살도 빠졌었어요. 지금은 살 만해서 다시 쪘지만….. 코레일에 들어와서 보니, 대부분의 동기들은 모두 면접 학원에 다녔었습니다. 면접에 무지해서 제가 조금은 무식하게 준비를 했던 것 같더라고요. 그래도 붙었으니 전 괜찮습니다.

구체적으로 어떤 방식으로 면접을 준비하셨는지 예를 들어주실 수 있을까요?

먼저 스터디원들과 주변인들에게서 얻을 수 있는 정보란 정보는 다 끌어모았습니다. 코레일이 워낙 큰 회사이다 보니, 주변에 현직자가 꼭 있기 마련이었거든요. 그리고 면접 5대문항(1분 자기소개, 지원동기, 장단점, 입사 후 포부, 마지막 한마디)를 준비했습니다. 자소서는 스터디원들과 서로 돌려보며 이런 질문이 나올 수 있겠다, 하고 다 정리했어요. 스터디 때마다 두세 번씩 실제 면접처럼 10분간 모의 면접을 진행했습니다. 자기 모습을 촬영하는 스터디원도 있었고 아닌 스터디원도 있었습니다.
면접 태도의 경우 그때그때 지적을 해줬거든요. 그리고 서로의 답변에 열심히 피드백 해 주고, 이런 질문에는 어떤 식의 답변이 나올지 생각하며 다 같이 답변 돌려 막기 연습도 했습니다.
3주 동안 거의 매일 만난 결과 말미엔 다들 면접 왕이 돼 있었고, 결과적으로 면접 스터디 두 곳 중 한 곳은 모두 합격했어요.

인터뷰를 마치며

지원하신 기업에 최종 합격하게 된 소감 한마디 말씀 부탁드립니다.
제가 정말 코레일에서 일하게 될 것이라고는 단 한 번도 생각해 보질 않아서 여전히 얼떨떨한 감이 없지 않아 있습니다. 그래도 제 노력이 빛을 발했다는 생각에 굉장히 뿌듯합니다. 그리고 코레일은 전 국민이 모두 아는 회사잖아요? 부모님이 더 좋아하셔서 더 뿌듯합니다.

지원하신 기업을 준비하게 된 결정적인 이유, 기업의 가장 매력적인 부분은 무엇이었나요?
스터디원 언니가 코레일에서 인턴을 했었습니다. 코레일이 얼마나 좋은 곳인지 예찬을 해 준 덕분에 코레일의 매력에 빠지게 됐습니다. 그래서 필기시험 한 달 앞두고는 스터디원 모두가 코라밸 한번 누려보자고 코레일 봉투모의고사만 풀었었습니다. 그리고 들어와 보니 정말로 이런 회사가 또 있을까 싶긴 해요.

'이것을 미리 했다면' 더 빨리 합격했을 것 같다고 생각하는 부분이 있나요?
전공 공부요. 저는 경영학과를 졸업했는데 전문 자격증 공부는 단 하루도 해본 적이 없습니다. 학교를 다닐 땐 CPA 시험에 떨어지면 적어도 1~2년이라는 시간을 버리는 것이라고 생각했습니다. 그런데 공기업 취업 준비를 하다 보니 CPA 시험과 공기업 전공시험은 너무나도 겹치는 점이 많았습니다. CPA 시험에서 공기업으로 선회하는 사람들이 금방 붙는 것만 봐도 답이 나오죠. 만약 대학교 때 1년 눈 딱 감고 CPA 준비했으면 제가 선택할 수 있는 기업의 폭이 더 넓어지지 않았을까 싶어요.

합격하신 기업에서 일하시는 동안 느낀 장점 3가지를 말씀해 주세요.
'코라밸' 한 단어로 정리할 수 있지 않을까요? 이틀 일하고 이틀 쉬는 삶. 정말 최고입니다. 자기계발 할 시간이 많아서 좋습니다. 스트레스를 받질 않으니, 날이 갈수록 건강해지고 있는 게 몸소 느껴져요. 그리고 큰 조직이다 보니 성장기회와 가능성도 많습니다. 마지막으로 조직문화가 굉장히 수평적입니다. 신구 세대가 이렇게 잘 융화된 기업은 여기뿐이라고 생각합니다.

코레일을 준비하시는 다른 취업 준비생들을 위한 응원의 한마디 말씀 부탁드립니다.
대학교 2~3학년 분들은 먼저 스펙을 준비하는 게 최우선이라고 생각합니다. 어학 자격증의 경우 만료되면 말짱 도루묵 아니냐. 라고 생각하실지 모르겠지만 토익 900점 받던 사람이 2년 뒤라고 토익 600점이 나오진 않잖아요. 그러니 스펙은 미리미리 준비해 두시는 걸 추천드립니다. 제가 짧은 시간 내에 승부를 볼 수 있었던 이유는 대학시절 미리 공기업에 필요한 자격증을 다 취득해 둔 덕분이라고 생각합니다. 대학교 4학년과 졸업생 분들은 모든 스펙이 완성된 상태이실 테니, 공부에만 전념하셨으면 좋겠습니다. 만약 스펙이 완성되지 않으신 상태라면 병행하는 것보다는 스펙부터 갖추시는 걸 추천드려요. 제 주변에 두 개를 병행하다가 이도저도 아닌 상태가 된 경우가 꽤 있었거든요. 공부에 전념하는 동안엔 최대한 사람들을 멀리하는 게 좋습니다. 만날 사람 다 만나고 놀 거 다 놀면 그건 전념하는 게 아니죠. 빨리 취업해서 만나는 게 함께 노는 친구에게도, 저에게도 이롭습니다.

면뽑자

접관이는 기소개서 작성법

글쓴이 ㅣ 윤은영(에듀윌 취업연구소 연구원)

名家

한국서부발전 feat.

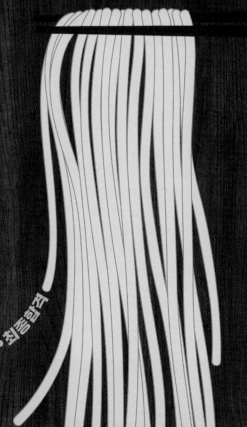

2022년, 서류전형의 허들이 생기다.

한국서부발전은 더 이상 서류전형에서 적부합격이 아닌 30배수 선발을 진행했다. 사무직렬은 총점 80점, 기술직렬은 총점 100점으로 구분되는데 상세한 내용은 아래와 같다.

사무직렬	기술직렬
외국어성적(60점), 자격증(10점), 입사지원서(10점)	외국어성적(60점), 자격증(30점), 입사지원서(10점)
총합 80점	총합 100점

입사지원서는 KOWEPO Vision 2030의 4대 핵심가치, 인재상 및 직군별 직무기술서의 직무 역량 부합 여부 등으로 판단하는데 불성실 기재자에 해당하는 경우 불합격처리가 된다. 특이점은 자기소 개서 불성실 기재자 판단 기준을 명시하였다는 점인데, 자세한 내용은 다음과 같다.

❶ 입사지원서 내 '역량기반 자기소개서' 8개 문항 중 4개 문항 이상을 기재하지 않은 경우를 불성실 기재자로 본다.

❷ 자기소개서 문항당 총글자 수의 40% 미만을 기입한 경우 기재하지 않은 것으로 판단(띄어쓰기 및 특수문자 포함)하고, 2개 이상 문항에 대해 의미 없는 문자를 나열하는 경우도 불성실 기재로 간주한다.

❸ 자기소개서 3개 이상 문항에 대해 동일내용을 복사하여 기재하는 경우 예를 들어 자기소개서 문항당 작성 글자 수의 50% 이상 동일 내용인 경우 복사하여 기재한 것으로 판단한다.

❹ 자기소개서 내 비속어, 자사명 오기재의 총결함 수가 5건 이상이 경우에도 부적격이 된다.

해당 기준을 살펴보면 알겠지만 기본적으로 해당 기업에 취업을 희망하고 있다면 불성실 기재를 하는 것조차 어렵다. 자기소개서는 항상 말하지만 서류전형이라는 이름을 가지고 있지만 면접으로 가는 길목과 최종합격을 여는 열쇠가 되기 때문이다.

자기소개서 작성의 첫 걸음

입사지원서를 평가하면서 핵심가치와 인재상, 그리고 직무 역량 부합 여부를 살펴본다고 하였으므로 직무기술서의 직무 역량도 파악해 두어야 한다. 이는 한국서부발전에 국한된 이야기가 아니라 기본적으로 자기소개서를 작성하기 전에는 핵심가치, 인재상, 기업의 비전, 직무기술서 등 회사 홈페이지 중 채용 공간에 나와 있는 정보들은 한번쯤 읽어두는 것이 필요하다. 기업에서 인재를 선발할 때 어느 부분을 강조해서 보는가를 가장 분명하게 드러낸 페이지이기 때문이다. 한국서부발전의 자료들을 보면서 어떠한 내용들을 중심으로 자기소개서 작성의 밑그림을 그려야 하는지를 살펴보도록 하자.

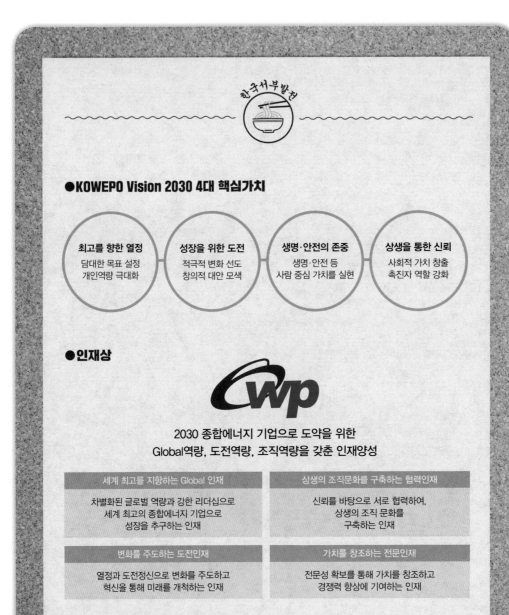

직무기술서 **기계/전기직**

필요지식	**화력발전설비설계** 계통구성 및 관련지식(기준, 신뢰도), 국내외 설비 규정과 규격(KS, KEPIC, Code & Standard, IEEE, IEC, 송배선전용전기설비 이용규정, 발전설비 기술기준, 발전소 화재예방 기술기준 등) 관련 지식, 보호기에 대한 지식과 동작특성, 발전기 구조와 운전방식, 설계계산서 내용관련지식(사업설계지침, 도면 작성), 관련 법률에 대한 지식(전기사업법령, 통신관련법령, 산업안전 보건법의 공정안전 관리제도 등), 케이블 종류 및 각 특성에 대한 지식, 통신관련 주요 기능에 대한 지식, 환경영향평가 목적 및 환경보전 목표에 대한 지식, 건설비용과 운영비용(고정비 및 가변비), 발전기 및 변압기/모선 구성 관련 지식 **화력발전설비운영** 산업안전공학 관련 지식 및 법령(건축, 대기환경, 전기사업법, 소방법), 단위설비 기능과 특성, 발전공학, 유체역학, 소음 및 진동의 이론과 종류, 유해화학물질관리법령(폐기물관리, 위험물안전관리법, 한국산업표준), 품질관리 규정(한국산업표준), 관련 설비의 성능 및 특징(보일러보조설비, 종합기기, 전력계통 단선도, 보호장치, 충전기원리 등), 발전설비계통식, 수처리 계통도 관련 지식
필요기술	**화력발전설비설계** 국내외 규정 및 법규해석 능력, 설비계약서에 대한 파악과 작성능력, 구매자재에 대한 검토와 성능 파악 기술, 도면판독능력, 주전력계통 신뢰도와 경제성 평가 능력, 방폭설비기술 선정과 적용 능력, 전력계통 분석능력, 현장조사 능력, 전력계통분석 기술, 관련 프로그램 활용능력(CAD, 계산 프로그램, 3차원 모델링 등), 관련 프로그램 적용능력 **화력발전설비운영** 안전점검 및 대응 능력, 최신기술 선정과 적용, 종합기기와 단위기기별 조작기술(터빈보조설비, 보일러 및 연계설비, 자동제어설비, 전기설비 등), 작동상태(정상, 비정상) 구분능력, 관련 도면 해독능력(터빈보조설비제어, 보일러자동제어, P&ID 등), 폐기물 관리 능력, 품질검사 선정 및 개선 제안능력, 기기별 비용 및 경제성 평가능력
직무수행태도	**화력발전설비설계** 합리적 태도, 세밀한 업무처리 자세, 업무를 정확하게 처리하려는 자세, 업무조율의 협력성, 각 기준에 대한 원칙 준수의 자세, 논리적인 사고 태도, 업무기한을 준수하려고 노력하는 자세 **화력발전설비운영** 규정 준수 태도, 관련 기관과의 적극적 소통의 자세, 직무 수행에 있어서 주인의식, 공정성과 정확성, 경영방침 준수 태도, 책임감 있는 태도

직무기술서에 언급된 필요지식과 필요기술, 직무수행태도가 재학시절 경험과 100% 일치하는 사람은 드물다. 하지만 필요지식과 필요기술 중에 유사한 경험이 있다면 적극적으로 해당 키워드를 전략적으로 선별하여 자기소개서를 기술할 수 있다. 예를 들어 '필요 기술 중에 관련 프로그램활용능력(CAD, 계산 프로그램, 3차원 모델링 등), 관련 프로그램 적용능력 등' 실제 유관한 내용을 작성할 수 있는 전공도 있을 수는 있다. 하지만 관련 경험이 전혀 없는 경우들도 있기 때문에 직무수행태도를 중점으로 자신의 대학생활 경험을 연결 짓는 것도 방법이다.

예를 들면 직무수행태도 중 '업무기한을 준수하려고 노력하는 자세'는 공모전, 또는 과제 제출 등 마감기한이 있는 프로젝트를 진행하면서 우선순위로 업무를 수행했던 경험, 어떠한 기준으로 우선순위를 선정했는지, 과정과 성과 등을 언급할 수 있다. 이 경우 지원자의 문제를 처리하는 과정에서 어떠한 관점으로 수행하는지를 파악할 수 있으면서 해당 직무를 수행할 수 있는 역량의 유무도 파악할 수 있다.

직무기술서 사무

필요지식	**경영기획**	예산계획 수립, 예산편성 지침, 원가관리개념, 국제회계기준, 재무회계 관련 이론 및 법률 지식, 산업통계 분석 방법론, 핵심성과지표 설정기법
	인 사	전략적 인사관리, 직무분석법, 관련법률에 대한 지식(근로기준법, 소득세법, 사회보험법 등), 경력개발방법론, 직무평가법, 교육과정설계방법, 인사제도설계법
	노무관리	관련법률에 대한 지식(근로기준법, 노동법 등), 인사제도, 단체협약, 근로자 참여 및 협력증진에 관한 지식, 조직행동론, 근로계약서 작성법
	예 산	예산 운영 및 관리 규정/지침에 대한 이해, 회계관련 지식(회계원리, 회계 시스템, 관리회계, 재무회계 등), 계정과목분류 및 정의에 대한 지식, 환경분석 방법
	자 금	회계관련 지식(재무제표, 재무분석, 재무활동의 개념, 재무관리, 기업회계 기준 등), 관련법률에 대한 지식(법인세법, 특별부가법, 회사법, 자금조달 관련 세법 등), 현금흐름의 적정성 평가를 위한 관련 지식, 자금조달법(비용산출법), 분석능력(투자안의 경제분석), 자금운용 성과분석 등)
	법 률	업무 관련 법률/법규/법원절차/판례/정부규정에 대한 지식, 법률 재개정 진행 절차 지식, 내부 규정 재개정 및 관리 지식, 법원/검찰청 업무 관련 서류에 대한 지식
필요기술	**경영기획**	회계계정세목분류기술, 원가계산법, 예산손익산출기술, 기획서작성기술, 예산편성기준관련 규정 작성 기술, 경영환경분석기법, 지표별 실적추이 분석기술, 사업별 자원배분기법(다각화, 전략적 제휴, 인수합병 등)
	인 사	관련프로그램 활용능력, 문서작성능력, 인터뷰기술, 비전 및 중장기 사업전략 분석, 환경분석
	노무관리	관련프로그램 활용능력, 문서작성능력, 인터뷰기술, 상담기술, 이해관계자 설득을 위한 발표 기술, 회의운영기술, 조정 및 협상능력
	예 산	관련프로그램 활용능력, 관련보고서 작성능력(예산안 보고서, 재무제표 작성, 포괄손익계산서 작성 등), 수리능력, 재무제표 분석 능력, 정보검색 기술 능력
	자 금	관련프로그램 활용능력, 분석능력(현금흐름 적정성 분석, 수익률 비교분석, 자금조달비용 비교분석, 실적분석 등), 자금계획서 작성능력, 회계처리능력, 수리적 사고, 자금운영기술
	법 률	법규해석능력, 관련 문서작성능력, 관련법 적용능력, 정보의 전달능력, 법령 및 판례 검색능력, 계약서 검토 및 해석 능력
직무수행태도	**경영기획**	적극적인 의사소통, 원칙 및 기준을 준수하려는 태도, 업무처리에 있어 정확성을 기하려는 자세, 주인의식과 책임감 있는 태도, 도전적 목표설정
	인 사	의사소통, 업무처리에 있어 정확성을 기하려는 자세, 경청하는 태도, 협업적 태도
	노무관리	원칙 및 기준을 준수하려는 태도(준법정신), 의사소통, 경청, 성실한 자세, 이견 조율을 위한 설득적 자세, 적극적인 태도, 주의 깊게 관찰하려는 자세
	예 산	협력적 태도, 이견 조율을 위한 설득적 자세, 업무처리에 있어 정확성을 기하려는 자세, 원칙 및 기준을 준수하려는 태도, 문의사항에 대한 응대
	자 금	협력적 태도, 업무처리에 있어 정확성을 기하려는 자세, 원칙 및 기준을 준수하려는 태도, 관련 이해관계자들과의 관계를 유지하려는 자세
	법 률	업무처리에 있어 중립성 및 객관성을 유지하려는 자세, 문제해결 의지, 분석적 사고, 정확하고 세밀한 일처리, 책임감, 기준 및 규정을 준수하려는 태도

사무직의 기준에서는 더더욱 필요지식, 필요기술과 관련한 경험이 적을 수 있다. 학과 수업을 통해서 배우는 내용으로는 해당 경험을 충족하기 어렵기 때문에 체험형 인턴십 또는 업무 관련 경험을 익혀두는 것이 상당히 큰 도움이 된다. 하지만 모두에게 그 경험의 기회가 열려있는 것은 아니므로 동아리 활동이라든가 과제 수행을 통해서 유사한 경험을 해 보았다면 최대한 연결 지어 작성해 볼 수 있어야 한다. 다만 억지스러운 연결은 공감을 형성하기 어려우므로 적정한 선에서 매칭시킬 수 있어야 한다.

핵심가치, 인재상, 직무기술서를 활용한 경험정리

앞서 살펴본 자료들을 바탕으로 자신의 경험을 매칭시켜 두면 추후에 자기소개서 문항이 바뀌어도 해당 기업이 강조하는 것은 무엇이고 해당 직무에서 중요한 부분이 어디인지를 알고 있기 때문에 자기소개서 작성에 어려움이 없다. 핵심가치와 인재상, 직무기술서 내에서 여러분이 자신의 경험을 작성하기에 상대적으로 수월해 할 만한 키워드를 일부 선별해 두었으니 관련 경험을 떠올려보길 권한다.

구분	키워드	관련경험
핵심가치	열정	
핵심가치/인재상	도전(도전정신)	
핵심가치	신뢰	
	글로벌역량	
	협력	
	전문성	
직무기술서	(기계/전기) 업무기한 준수	
	(기계/전기) 적극적 소통	
	(기계/전기) 주인의식	
	(기계/전기/사무) 책임감	
	(사무) 정확성	
	(사무) 분석적 사고	

※ 2022년 공시된 직무기술서와 내용이 달라질 수 있으므로, 위를 참고하여 자신의 직무와 관련한 키워드를 추출한 뒤에 관련 경험을 매칭해 두면 자기소개서 작성이 더욱 수월해진다.

한국서부발전, 까다로운 자기소개서 항목

한국서부발전의 자기소개서는 문항 분석이 아닌 자기소개서 작성을 위한 기초 단계부터 함께 설계하는 방법으로 작성해야 한다. 또한 자기소개서 작성을 할 때 지원자가 방향성을 잘 잡을 수 있도록, 또한 중요한 부분에 집중하여 자기소개서를 작성할 수 있도록 항목별로 세부항목으로 구성하고 있다는 점이 특징이다. 지원자는 2022년의 자기소개서 문항을 살펴보면서 앞서 작성한 경험정리 내용 중 어떠한 내용을 특정 문항에 녹여낼 것인지를 고민해 보아야 한다.

2022~2021년	2020년
❶ 한국서부발전이 '세계 최고의 종합에너지 기업'으로 성장하기 위하여 나아갈 방향과 본인이 기여할 수 있는 방법에 대하여 다음의 세부항목에 따라 작성해 주십시오.	❶ 기존 방식이나 현상에 대해 문제의식을 갖고 전략적으로 해결한 경험을 다음의 세부항목에 따라 작성해 주십시오.
❶-1 한국서부발전이 '세계 최고의 종합에너지 기업'으로 성장하기 위해 나아가야할 방향이 무엇이라고 생각하는지에 대하여 작성해 주십시오.(350자)	❶-1 Situation&Task 언제, 어디서 가지게 된 경험이었으며 그러한 문제의식을 가지게 된 계기는 무엇입니까?
❶-2 이를 위해 본인이 기여할 수 있는 방법을 구체적으로 작성해 주십시오.(500자)	❶-2 Action & Result 어떤 방식으로 해당 문제를 해결하였으며, 본인의 노력으로 개선된 결과를 구체적으로 작성해 주십시오.
❷ 기존 방식이나 현상에 대해 문제의식을 갖고 새로운 방식을 시도하여 성과를 낸 경험을 다음의 세부 항목에 따라 작성해 주십시오.	❷ 조직 또는 팀의 목표를 이해하고 이를 달성하기 위해 노력했던 경험을 다음의 세부항목에 따라 작성해 주십시오.
❷-1 기존 방식이나 현상에 대해 문제의식을 가지게 된 계기와 해당 문제를 해결한 새로운 방식은 무엇인지에 대하여 작성해 주십시오.(350자)	❷-1 Situation&Task 해당 조직의 성격과 당시 자신의 역할에 대해 간단히 작성해 주십시오.
❷-2 새로운 방식을 시도함에 있어서 겪었던 어려움과 이를 해결하기 위하여 어떤 노력을 하였으며, 해당 방식을 통해 개선된 결과는 어떠하였는지 작성해 주십시오.(500자)	❷-2 Action & Result 조직의 목표달성을 위해 귀하가 노력하였던 점과 그에 따라 조직이 달라졌던 부분을 구체적으로 제시해 주십시오.
❸ 조직 또는 팀의 구성원으로서 팀원 간의 갈등을 해소하고 협력하는 분위기를 조성하였던 경험을 다음의 세부항목에 따라 작성해 주십시오.	❸ 조직 또는 팀의 구성원으로서 팀원간의 갈등을 해소하고 협력하는 분위기를 조성하였던 경험을 다음의 세부항목에 따라 작성해 주십시오.
❸-1 당시 조직의 구성원 간에 갈등이 벌어졌던 상황에 대해 간단히 작성해 주십시오.(350자)	❸-1 Situation&Task 당시 조직의 구성원 간에 갈등이 벌어졌던 상황에 대해 간단히 작성해 주십시오.
❸-2 구성원 간의 갈등을 해소하기 위해 어떤 노력을 하였으며, 그에 따른 결과는 무엇이었는지 구체적으로 제시해 주십시오.(500자)	❸-2 Action & Result 구성원 간의 갈등을 해소하기 위해 어떤 노력을 하였으며, 그에 따른 결과는 무엇이었는지 구체적으로 제시해 주십시오.

❹ 지원한 분야에서 본인의 대표적인 경쟁력은 무엇이며, 입사 시 이를 어떻게 발휘할 것인지에 대하여 다음의 세부항목에 따라 작성해 주십시오.	❹ 업무 또는 과제를 수행하면서 본인의 부족한 점을 발견하고, 이를 개선하기 위해 노력하여 성과를 낸 경험을 다음의 세부 항목에 따라 작성해 주십시오.
❹-1 지원한 분야에서 본인의 대표적인 경쟁력은 무엇이었으며, 이를 얻기 위한 노력을 작성해 주십시오.(350자)	❹-1 Situation&Task 본인이 맡았던 업무 또는 과제와 이를 달성하는 데 부족했던 점은 무엇이라고 판단하였는지 간단하게 작성해 주십시오.
❹-2 입사 시 본인의 경쟁력을 어떻게 발휘할 수 있는지 구체적인 경험이나 사례를 중심으로 작성해 주십시오.(500자)	❹-2 Action & Result 부족하다고 판단한 이유와 이를 개선하기 위해 노력했던 방법은 무엇이었으며, 그 결과 본인의 업무나 과제에 어떤 영향을 미쳤는지 구체적으로 제시해 주십시오.

면접관이 뽑는 자기소개서 작성

기업에서는 지원자들이 일반적인 재학시절 동안 할 수 있는 경험의 스펙트럼이 그리 넓지 않다는 것을 잘 알고 있다. 당연히 특별한 경험을 한 지원자 또는 직무와 밀접한 경험을 보유한 지원자가 다른 지원자에 비해서 경쟁우위에 서는 것은 당연하겠지만 대부분은 그렇지 않다. 또한 간혹 기업에서 지원자들의 생각을 묻는 문항(예를 들어 2022년 한국서부발전 1번 문항)에 거부반응을 갖고 있는 지원자들이 있는데, 여러분들의 아이디어를 가지고 실제 기업을 운영하겠다는 심보로 해당 질문을 하는 것이 아님을 알아야 한다. 기업은 우리 회사에 지원하는 지원자가 우리 회사에 대한 애정을 가지고 이러한 현안, 또는 문제를 고민해 주기를 바라는 마음에서 시작된 문항이다. 해당 문항을 정성스럽게 작성한 지원자라면 허수의 지원자가 아니며, 다수의 기업에 합격하였을 때에도 우리 회사를 선택할 확률이 더 높을 것이라 기대하고 입사 이후에도 애정을 가지고 회사를 다닐 것이라 믿기 때문이다. 그렇기 때문에 여러분이 작성한 아이디어가 대단하거나 감탄을 불러일으킬 정도가 아니라고 할지라도 걱정은 하지 말고, 충분한 고민을 하고 작성을 해보길 바란다. 대부분의 지원자들은 비슷한 수준으로 작성을 하기 때문에 매우 잘 작성한 경우라면 당연히 눈에 띄겠지만 터무니없게 작성된 것이 아니라면 소위 '묻힐 수 있다'. 그렇기 때문에 조금 더 심혈을 기울여서 쓰는 것도 하나의 전략은 될 수 있겠다.

다른 문항을 작성할 때에도 앞서 작성한 자신의 경험정리표를 잘 활용하여 문항에서 요구하는 역량 또는 경험과 가장 싱크로율이 높은 자신의 경험을 끌어오면서 기업이 듣고 싶어 하는, 인사담당자가 보고 싶어 하는, 면접관이 뽑고 싶어 하는 경험을 기술해 보자. 분명 잘 쓴 자기소개서는 최종 합격이라는 문을 열어주는 열쇠가 되어 줄 것이다.

2022 한국남동발전의 변화된 채용 대비

서류부터 필기까지

글쓴이 Ⅰ 윤은영(에듀윌 취업연구소 연구원)

01 Ⅰ 2022 신입사원 공개채용 관련 개선사항 공지

2021년과 2022년의 한국남동발전의 채용은 다소 변화가 있을 예정이다. 한국남동발전에서는 2021년 11월 9일 아래의 내용으로 변경사항을 공지했고, 2022년 신입사원 공개채용 공고분부터 시행할 예정이라고 밝혔다. 내용은 다음과 같다.

1 사무직군 모집단위 변경 구분모집(법정/상경) → 통합모집(사무)

2 필기전형방식 개선
- **종전** 직무수행능력(전공), 직업기초능력(NCS)
- **변경** 직무수행능력(폐지), 직무능력검사(NCS 출제범위 확대) / 60분

구분	사무(50문항)	기술(55문항)
공통	의사소통능력(10문항), 자원관리능력(10문항), 문제해결능력(10문항)	
추가	정보능력(10문항), 수리능력(10문항)	기술능력(전공문항)

취업상식

현재 1GW 규모의 국내 최대 신재생에너지 운영 기업인 한국남동발전에서 운영하는 국내 최초의 해상풍력단지인 탐라해상풍력은 제주도 신창풍차해안도로에 위치하고 있다.

기술직군의 기술능력 평가는 전공문항(25문항)으로 대체되며, 전공문항은 관련분야의 기사(대졸), 기능사(고졸) 수준으로 출제

③ 면접전형방식 개선
- **종전** 인성역량면접(40점), 상황면접(30점), 토론면접(30점)
- **변경** 직무면접(50점), 종합면접(50점)

구분	내용	시간
직무면접	직군별 직무지식 및 회사관련 이해도 평가	1인당 15분 내외
종합면접	인성 및 조직적합도 종합평가	

그 밖에도 채용 우대제도 등 변경사항이 있으므로 관심이 있는 지원자는 한국남동발전 홈페이지에 접속하여 회사소개〉채용정보〉공지사항 내의 2022년 신입사원 공개채용 관련 개선사항 공지글을 살펴보기 바란다.

참고1 한국남동발전의 채용서비스를 놓치고 싶지 않다면

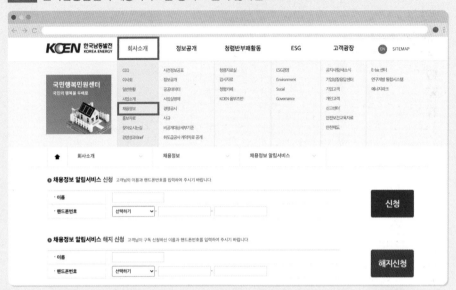

한국남동발전의 홈페이지는 취업준비를 희망하는 사람들에게 친절하다. 채용정보 알림서비스를 운영하여 지원하고 싶은 지원자들이 채용 정보를 놓치지 않고 알림 서비스를 받을 수 있도록 페이지가 구성되어 있다. 상위 탭인 회사소개 → 채용정보 → 채용정보 알림서비스를 클릭하면 신청이 가능하다.

참고2 한국남동발전의 합격자들의 입사수기 및 직무에 대한 정보가 궁금하다면

회사소개 → 채용정보 → 채용홍보 및 입사수기를 통해 직군별로 합격한 사람들의 인터뷰 내용에 취업을 준비하는 데 필요한 정보를 얻을 수 있다.

만약 이것으로 부족하다면 유튜브를 통해서도 다양한 정보를 얻을 수 있는데, 기업에서 운영하고 있는 유튜브 중에 취업과 관련한 정보를 상세하게 알려주고 있는 곳으로 손꼽힌다. 혹시라도 잘 모르고 입사했을 때 지원자와 기업들이 겪게 될 부담을 줄이고 처음부터 모든 정보를 최대한 친절하게 오픈하고 우수한 인재들이 지원할 수 있도록 하는 것이 좋은 인재를 유치하는 방법이기 때문이다. 유튜브 검색창에 KOEN 한국남동발전을 검색해도 좋다.

02 | 서류전형

한국남동발전 2021년도 상반기 대졸수준 신입채용 자기소개서 항목을 살펴보도록 하자. 2021년부터 적·부로 변경되어 자기소개서 자체에 대한 부담이 줄어든 것은 사실이나 자기소개서는 서류 통과를 위한 단계가 아닌 면접 통과를 위한 단계임을 잊어서는 안 된다. 면접관들이 면접이 진행되는 동안 내용을 빠르게 파악해서 질문하고 싶고, 해당 조직에 적합해 보이는 사람이라는 인식을 줄 수 있도록 자기소개서 항목을 꾸릴 수 있어야 한다. 2020년에도 거의 유사한 자기소개서 항목을 유지하고 있었으므로, 해당 자기소개서 항목을 미리 잘 분석하여 대비해 둔다면 설령 자기소개서 항목이 바뀐다고 할지라도 남동발전에서 중요하게 생각하는 포인트를 알 수 있어 수월하게 자기소개서를 작성할 수 있다.

📄 **자기소개서 항목 ❶**   1,200byte 이상, 1,400byte 이하

본인의 직업관에 대하여 설명하고, 한국남동발전이 그에 부합하는 이유와 한국남동발전에 입사하기 위하여 본인이 특별히 노력한 경험(학과목, 자격증 등)에 대하여 상세하게 기술해 주십시오. (어떻게 노력했는지, 어떤 발전이 있었는지, 입사에 도움이 될 것이라고 생각하는 근거가 무엇인지 등)

> **참고** **2020년 자기소개서 항목**   1,400byte
>
> 본인의 직업관에 대하여 설명하고, 남동발전이 그에 부합하는 이유와 남동발전에 입사하기 위하여 본인이 특별히 노력한 경험(학과목, 자격증)에 대하여 상세하게 기술해 주십시오.

2020년 자기소개서 항목과 동일한 항목이다. 다만 한국남동발전은 지원자가 남동발전에 걸맞은 인재인지를 더 면밀하게 파악하기 위하여 어떠한 노력, 어떠한 발전, 입사에 도움이 될 것이라고 판단하는 근거 등을 포함할 것을 구체적으로 요구했다. 가장 바람직한 자기소개서 항목의 구성을 따르고 있다. 소위 자기소개서를 잘 쓰는 지원자라면 이미 2020년의 항목을 보고도 2021년에 추가된 조건의 내용을 포함하여 작성하였겠지만, 대부분의 경우 자신이 들려주고 싶은 이야기를 서술하느라 인사담당자, 면접관이 지원자에게 궁금한 내용을 누락하기 쉽다. 이에 최대한 자기소개서 항목을 구체적으로 명시하여 자기소개서 자체에서 지원자별로 큰 차이가 나지 않을 수 있도록 최소한의 가이드를 제공한 것이라고 생각한다.

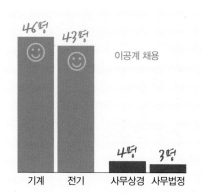

또한 2021년 기준 사무법정(일반) 3명 선발, 사무상경(일반) 4명 선발, 기계(일반) 46명, 전기(일반) 43명 등 상대적으로 이공계에서 지원자의 채용이 많이 진행되고 있기 때문에 자기소개서 작성을 상대적으로 더 어렵게 생각하는 이공계 학생들에 맞춰서 상세한 가이드를 제시한 것이라고 생각해 볼 수 있다.

1번 항목을 작성하기 위해서는 본인이 생각하는 직업관에 대한 고민이 선행되어야 한다. 또한 자신이 입사하기 위해 노력한 부분을 기입하기 위해서는 자신의 노력의 방향성이 어디에 속하는지를 확인해 볼 필요가 있다. 작성 시에는 인재상 항목 등을 살펴보면 도움이 된다.

참고 한국남동발전 인재상

학습형 인재

'남다른 생각과 학습을 통해 새로운 기회를 만드는 학습형 인재'
업무방식, 에너지 산업 등에 관한 새로운 통찰과 전문성을 접목하여 새로운 기회를 창출해 내는 사람

개방형 인재

'다양하게 소통하고 협업하는 개방형 인재'
열린 생각과 마음을 바탕으로 다양성을 존중하고 협력함으로써 신뢰를 구축하고 새로운 가치를 만들어 내는 사람

실행형 인재

'명확한 목표를 향해 스스로 행동하고 성과를 만들어내는 실행형 인재'
공동의 목표를 달성하기 위해 자신의 전문성을 발휘하여 성과를 만들어 내는 사람

인재상을 바탕으로 학습형 인재와 실행형 인재에 맞는 내용을 서술해 주는 것이 좋은 방법 중 하나임을 알 수 있다. 학습 또는 실행의 방법으로 자신의 노력을 선별하여 기입해 주면 좋다. 또한 반드시 발전에 대한 결과를 제시해 주면 좋은데 만약에 자격증을 취득했다는 것은 결과물이 있어 자신의 발전 정도에 대한 평가가 쉬우나 결과물이 없는 경우는 수치화하여 자신의 발전 정도를 표기하는 것도 방법이다.

또한 학과목에서 학업 성취도가 증가하여 특점 등급을 취득한 경우에도 결과물이 있는 케이스에 속하기 때문에 상대적으로 이야기를 풀어내고, 결과물이 있어 신뢰감을 주기 수월하다. 만약 자격증을 취득하기 위해 노력했고, 성적 향상을 위해 노력을 했지만 그 결과가 미미할지라도 자신이 생각하기에 이전 자신의 역량 대비 몇 % 이상 실력이 향상된 것 같다는 등의 수치화를 통해 서술하는 것도 방법이다. 무엇보다 입사 이후 어떻게 자신의 경험이 도움이 될 것인지 직무적인 관점에서 접근하여 서술해 줄 수 있으면 가장 좋다.

📄 자기소개서 항목 ❷   1,400byte 이상, 1,600byte 이하

국내외 에너지 산업 및 남동발전의 사업환경 분석을 통하여 앞으로 남동발전이 나아가야 할 목표 및 목표 달성을 위한 전략을 제시하고, 그렇게 제시한 이유를 구체적으로 기술해 주십시오.

허수의 지원자가 아닌 해당 산업에 대한 관심과 기업에 대한 관심을 가진 지원자임을 선발하기 위한 항목이다. 따라서 관련 산업에 대한 이해와 관심이 필요하다. 가장 좋은 것은 최소 반년 정도의 관련 기사 등을 살펴보는 것인데 사실상 산업의 추이 등은 반년 정도로 파악되지 않기 때문에 연간으로 파악하는 것이 좋다.

또한 포털 사이트 등에 검색했을 경우 유사한 제목의 기사들이 대량으로 검색되기 때문에 겹치지 않는 선에서 기사를 선별하여 파악하는 것을 권한다. 불필요한 시간을 많이 줄일 수 있다. 또한 에너지 산업 뉴스 등으로 검색할 경우 관련 산업뉴스들만 전문적으로 하는 매체들이 있으므로 해당 매체를 통해 산업 뉴스를 파악하는 것도 도움이 된다.

> ❯ 추천검색어   에너지산업, 2022 에너지산업 등   🔍

기업뉴스의 경우 유료로 서비스하는 증권사 관련 뉴스를 접한다면 좀 더 심도 깊은 정보를 얻을 수 있는데, 포털사이트 등에 기업명을 검색할 경우 주식 등 투자자들에게 도움이 되는 유료 기사들을 접할 수 있다. 그중 일부는 포털사이트를 통해서도 무료로 제공하고 있으므로 참고하는 것도 좋다. 다양한 사이트가 있겠지만 유료 기사 중 일부를 무료로 포털사이트 등에서 오픈하는 기업이 있다. 이러한 매체 등을 잘 활용하면 더 전문적인 자료를 이용할 수 있다. 그중 하나의 매체를 알려주고자 하니 포털사이트에서 검색하여 무료로 이용 가능한 기사로 조금 더 전문적인 지식을 쌓을 수 있도록 해 보자.

> ❯ 추천검색어   더벨 + 한국남동발전   🔍

※ 더벨+지원기업명으로 검색하여 다양하게 활용 가능하다.

물론 지원자들에게 대단히 전문적인 시장 분석을 요구하지 않을 것이다. 그러므로 부담을 가질 필요는 없지만 적어도 다양한 관점으로 지원 기업에 대해 분석해 두는 것은 필요하다. 최소한 SWOT 분석 또는 3C 분석 정도는 무엇인지 파악하여 해당 기업의 사업 환경 분석을 하고, 지원자가 생각하는 목표와 달성 전략 및 그 이유를 기술해 주는 것이 필요하다. 특정 자료를 참고하게 될 경우에도 자신의 수준에서 해당 내용을 재가공해서 작성해야지 그대로 옮기는 등의 우를 범해서는 안 된다. 지원자가 참고한 자료는 지원자만 구할 수 있는 자료가 아니기 때문이다.

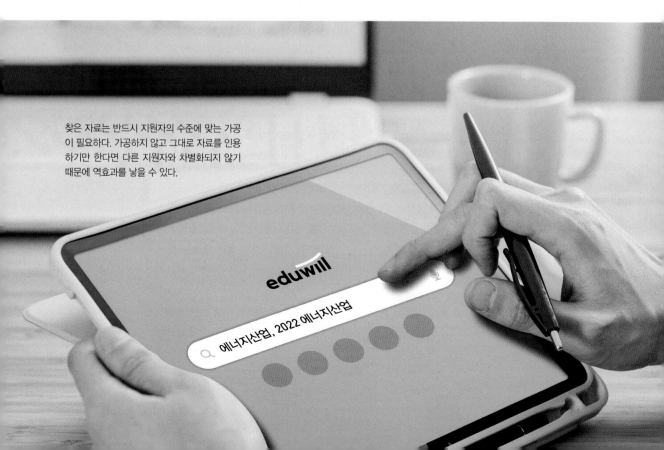

찾은 자료는 반드시 지원자의 수준에 맞는 가공이 필요하다. 가공하지 않고 그대로 자료를 인용하기만 한다면 다른 지원자와 차별화되지 않기 때문에 역효과를 낳을 수 있다.

> **📄 자기소개서 항목 ❸**   1,200byte 이상, 1400byte 이하
>
> 당면한 문제를 해결하기 위해 시도했던 경험 중 원인을 철저히 규명하여 문제를 해결했던 사례에 대해 구체적으로 기술해 주십시오. 당시 문제가 되는 상황은 무엇이었으며, 어떠한 과정을 통해 원인을 규명하였는지, 그렇게 문제를 해결한 이유는 무엇이었는지 상세하게 기술해 주십시오.

문제해결능력을 묻는 항목에서 가장 중요한 것은 어떠한 문제였는지, 어떻게 문제를 해결하였는지, 그리고 그것이 미친 영향과 결과이다. 다양한 문제 상황 중에서도 '원인을 철저히 규명하여 문제를 해결'하였는지를 묻고 있으므로 어떠한 과업 또는 과제를 수행하면서 벌어졌던 문제 상황을 선정하는 것이 낫다.

또한 문제가 되는 상황에 대해서도 사실 현업이나 실무진이 보았을 때 별 문제가 아닌 것을 크게 부풀려서 쓴 것처럼 보이지 않도록 소재 선정에 있어서도 주의를 기울일 필요가 있다. 별 것 아닌 것을 문제상황으로 인식하는 사람으로 비춰질 경우 실무진의 눈으로 바라보았을 때는 함께 일하기에 불안한 사람으로 비춰질 수 있기 때문이다.

따라서 문제해결능력에 대한 항목의 서술을 할 때에는 심혈을 기울여 소재를 선정할 필요가 있다. 가장 좋은 소재는 상술하지 않아도 누구나 문제상황이라고 인식할 수 있는 소재이다.

이렇게 공감대를 형성할 수 있는 문제 상황을 소재로 선정하고 나면 원인을 규명하는 과정과 해결한 이유 등 지원자의 실제 행동, 역량과 관련한 사항에 대해 서술할 수 있는 충분한 글자 수를 확보할 수 있다. 문제 상황을 상세하게 서술하려다가 정작 중요한 내용은 작성하지 못할 수 있으므로 지원자의 역량을 드러낼 수 있는 행동 부분에 대한 서술에 비중을 두고 작성할 수 있어야 한다.

Do
누구나 문제상황이라고
인식할 수 있는
공감대가 있는 소재

Don't
실무에서 문제되지 않는 것을
크게 부풀려 쓰는 행위

📄 **자기소개서 항목 ❹**   1,200byte 이상, 1400byte 이하

귀하가 속한 조직 또는 집단에서 구성원들과 갈등이 발생했을 때, 이를 극복했던 경험을 당시 상황, 본인이 한 행동, 특별히 노력한 점, 노력의 결과, 느낀점 등을 구체적으로 기술해 주십시오.

지원자가 갈등상황이 발생했을 때 어떻게 대처하는 편인지를 미리 파악해 보기 위해 묻는 질문이다. 업무를 진행하다 보면 소속된 집단에서 또는 집단끼리, 또한 대내외적으로 갈등 상황이 발생할 수 있는데 어떻게 현명하게 갈등상황을 해결해나가는지를 미리 알아보기 위함이다. 앞서 항목①에서 언급했던 인재상 중 개방형 인재가 '열린 생각과 마음을 바탕으로 다양성을 존중하고 협력함으로써 신뢰를 구축하고 새로운 가치를 만들어 내는 사람'이므로 소통을 통해 갈등을 해결한 점에 대해서 서술하는 것이 가장 기본적인 방법일 것이다.

다만 작성을 할 때 본인이 한 행동에서 단순히 '타인을 잘 설득하여' 등의 서술은 구체적이지 않다. 가장 좋은 방법은 특정 상황에서 의견이 대립된 것이라면, 하나의 사안에 대해서 서로 어떠한 주장으로 인해 대립하였는지, 단순히 타인을 설득한 것이 아니라 각 상황의 장단점을 파악하여 장점이 극대화될 수 있도록 분석하고 취합하여 1안, 2안 중 택 1이 아닌 가장 발전된 형태인 3안에 대한 내용을 언급해 주는 것이 좋다. 또한 3안의 파생되는 문제점을 파악하여 또한 대처 방안 등을 추가로 언급하고 해결하기 위해 보였던 노력 등을 추가로 기입해 주는 것이 필요하다.

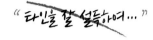

" 타인을 잘 설득하여... "

↓

✅ 구체적으로 서술하기

✅ 대립한 주장 제시하여
상황의 장단점 파악하기

✅ 장점을 극대화하기

↓

더욱 발전된 방안
언급하며 마무리

📄 **자기소개서 항목 ❺**   1,200byte 이상, 1400byte 이하

한국남동발전 입사 후 업무를 수행함에 있어 가장 중요한 원칙과 사회생활을 함에 있어 가장 중요한 원칙은 각각 무엇이며, 그렇게 생각하는 이유를 본인의 가치관과 경험을 바탕으로 구체적으로 기술해 주십시오.

" 정직, 청렴, 반부패 "

지원자의 직무수행 마인드, 직업윤리 등을 파악하기 위해 묻는 항목이다. 자신이 갖고 있는 다양한 가치관 중에 어떠한 것을 선택하여 서술하는 것이 좋을지 판단이 되지 않는다면 회사 홈페이지를 둘러보면서 어떠한 지점이 강조되고 있는지를 파악해 보는 것이 필요하다. 예를 들어 한국남동발전의 경우 청렴반부패활동 탭이 따로 있고, 청렴반부패 업무 추진계획, 청렴문화 확산을 위한 운영 계획 등을 홈페이지에서 게시하고 있으므로 직업윤리 등에서도 정직, 청렴, 반부패 등을 강조하고 있음을 알 수 있다.

이 내용이 반드시 정답은 아니지만 어떠한 부분을 강조할지에 대해 고민이 된다면 지원 기업의 기조 등을 살펴보는 것이 도움이 된다. 예를 들어 '정직'을 원칙으로 생각하였을 때 너무 흔한 내용으로 기술되는 것은 아닌가 걱정할 수도 있다. 그러나 지원자의 경험이 정직함으로부터 얻은 분명한 깨달음이나 가치형성에 큰 기여를 한 부분이 있다면 설령 뻔한 경험이라고 할지라도 설득력을 가질 수 있다. 글자수가 600자~700자 사이이므로 다양한 경험을 언급하려고 하지 말고, 1~2개 정도 선정하여 구체적으로 기술해 주는 것이 효과적이다.

03 │ **필기전형**

PSAT형에 가까웠고 4지선다였으며 오답에 대한 감점이 없다고 안내되었다. 의사소통과 자원관리에서는 묶음문항이 출제되었다. 채용대행사는 2020년과 2021년에는 ORP에서 출제되었으나 채용대행사는 바뀔 수 있으므로 나라장터 등을 통해서 알아둘 필요가 있다. 또한 2022년부터는 문제해결능력, 자원관리능력, 의사소통능력 이외에 정보능력과 수리능력이 출제된다고 하였으므로 대비가 필요하다.

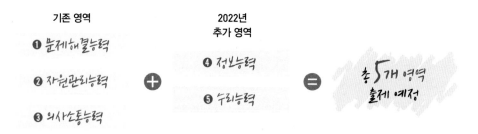

지난 시즌 한국남동발전의 기출 변형 문항 중 영역별 대표 문항을 선별하여 살펴보고자 한다. 새롭게 추가된 정보능력과 수리능력은 아직 기출제 데이터가 없으므로, 영역별 문항에서 제공하는 다양한 유형의 문항을 풀어보고 대비하길 바란다.

1 **문제해결능력**

참·거짓 문제도 상당수 포함되었다고는 하나 아래와 같이 기본적인 사고능력과 문제처리능력을 파악하는 문제 및 조건추리 문제들이 출제되었다. 기본적으로 다수의 기업에서 출제되고 있는 유형에 속하므로 이러한 유형의 문제들을 많이 풀어보고 패턴화할 수 있어야 빠른 시간 내에 답을 구할 수 있다.

다음을 보고 영업부의 이 대리가 코로나가 완치된 후에 다시 출근한 날짜를 고르면?

- 영업부의 이 대리는 6월 12일(토)에 결혼을 했다.
- 결혼한 다음 날부터 6박 7일간 제주도로 신혼여행을 다녀왔다.
- 회사 규칙에 따라 귀가한 다음 날 PCR 검사를 받았다.
- 다음 날, 코로나 양성 판정을 받아 병원에 입원하였고, 입원한 지 23일 차에 완치 판정을 받고 퇴원하였다.
- 퇴원한 다음 날부터 2주간 재택근무를 하고 출근하였다.

① 7월 26일　　　　　　　　② 7월 27일
③ 7월 28일　　　　　　　　④ 7월 29일

정답풀이 | 이 대리의 일정을 정리하면 다음과 같다.

6월						
일	월	화	수	목	금	토
						12 결혼식
13 신혼여행 1	14 신혼여행 2	15 신혼여행 3	16 신혼여행 4	17 신혼여행 5	18 신혼여행 6	19 신혼여행 7
20 PCR 검사	21 입원 1	22 입원 2	23 입원 3	24 입원 4	25 입원 5	26 입원 6
27 입원 7	28 입원 8	29 입원 9	30 입원 10			

7월						
일	월	화	수	목	금	토
				1 입원 11	2 입원 12	3 입원 13
4 입원 14	5 입원 15	6 입원 16	7 입원 17	8 입원 18	9 입원 19	10 입원 20
11 입원 21	12 입원 22	13 입원 23	14 재택근무	15 재택근무	16 재택근무	17
18	19 재택근무	20 재택근무	21 재택근무	22 재택근무	23 재택근무	24
25	26 재택근무	27 재택근무	28 출근	29	30	31

그러므로 이 대리가 코로나가 완치된 후에 다시 출근한 날은 7월 28일이다.

정답 | ③

문제해결 TIP

조건추리 문항을 풀 때에는 주어진 조건 중에서 가장 명확한 정보부터 기입할 수 있어야 한다. 예를 들어 해당 문제의 조건이 5개가 주어져 있는데, 5개 중 가장 명확하고 많은 정보를 담고 있는 조건부터 정리한다. 이때 나머지 조건들이 포함한 정보의 양이 비슷할 경우에는 주어진 조건을 순서대로 정리하는 것이 가장 빠르게 문제를 풀 수 있는 방법이다.

2 자원관리능력

기존 한국남동발전은 수리능력이 포함되지 않았기 때문에 자원관리능력에서 수리능력(자료해석, 자료계산)을 묻는 문항이 주로 출제되었다. 묶음문항으로 일부 구성되기도 하였으며 2021년에는 최단거리 구하는 문제, 환율, 가중치 적용 문항 등 물적, 예산, 시간자원관리 능력 등 다양한 세부유형의 자원관리능력의 문항이 출제되었다.

영업사원인 한 대리가 회사에서 출발하여 차를 타고 거래 지점 A~E로 외근을 하려고 한다. 한 대리가 A~E 지점을 모두 방문한다고 할 때, 다음 중 최단 거리를 고르면? (단, 갔던 길을 다시 반복하여 가도 되고, 모든 지점을 방문한 뒤에는 바로 퇴근한다.)

[그림] 각 지점당 연결망 지도

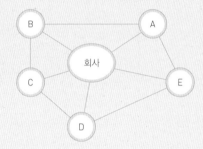

[표] 회사 및 각 지점 간의 거리 (단위: km)

구분	A	B	C	D	E
회사	9	7	8	6	9
A		24			10
B			15		
C				20	
D					22

① 61km

② 62km

③ 63km

④ 64km

정답풀이 | 각 지점 간의 거리가 먼 경우가 있어서 회사를 중복으로 이동할 때 거리가 단축되는 경로들이 존재한다. 최단 경로는 [회사-D-회사-C-B-회사-A-E]이고, 이때의 거리는 6+6+8+15+7+9+10=61(km)이다.

정답 | ①

문제해결 TIP

계산이 복잡하지는 않지만 경로를 확인하여 최대한 단축시킬 수 있는 부분을 찾아야 한다. 묶음문항으로 출제될 경우 가장 짧은 거리를 묻는 문제 외에도 시속 등의 정보 또는 자동차 연비, 리터당 금액 등을 추가로 주고 걸리는 시간(도착 시간), 주유 비용 등을 묻기도 한다. 주어진 시간에 따라서 묶음 문항이라고 할지라도 시간을 적게 쓸 수 있는 문항부터 처리하는 편이 낫다.

3 의사소통능력

일반적인 독해 문제가 다수 출제되었고, 단어 사이의 관계를 추론하는 문제가 출제되었다. 5개 정도의 단어를 나열하고 해당 단어를 통해 추론할 수 있는 다른 단어를 찾는 문제도 일부 출제되었지만 일반적인 독해 문제가 주로 출제되었으므로 대표 문항으로 선정하여 풀어보고자 한다.

다음 글의 제목으로 가장 적절한 것을 고르면?

과학이 발달함에 따라 과학에 대해 알지 못하는 사람들이 가지게 된 무지의 크기도 커졌다. 문학이나 예술분야로 편중된 교육을 받은 사람들에게 20세기 후반의 현대적 지식 대부분에서 몽매한 암흑의 영역이 크게 확대되었다.

과학을 평가절하하려는 다양한 움직임들은 무지를 정당화하고 나아가 미화하기까지 하는 효과를 가져왔다. 영국의 대학교수들은 대부분의 문학이나 예술 전공 학생들이 학창시절에 배운 미미한 과학적 지식마저도 잊는다는 것을 알고 있을 것이다. 최근 옥스퍼드 대학의 한 문학 세미나에서 나는 존 던의 시 중 한 구절을 인용하였는데, 그가 이 시를 쓴 1612년에는 아무도 피가 어떻게 심실에서 다른 심실로 이동하는지 몰랐다. 과학교육의 필요성과 더불어 과학자 양성의 필요성을 느낀 순간이었다.

물론 똑똑하다는 것이 최고의 과학자가 되기 위한 필요조건은 아니다. 또한 최고의 과학자가 되기 위한 충분조건은 더더욱 아니다. 과학적 연구에 의해 일어난 위대한 사회적 혁명 중의 하나는 배움의 민주화였다. 어느 누구나 통상의 상식과 보통수준의 상상력을 복합시킬 수만 있으면 창조적인 과학자가 될 수 있다. 또한 사람이 가진 능력의 한계를 넓힐 수 있느냐에 따라 그 사람의 행복이 결정된다면 그는 적어도 행복한 과학자가 될 수 있을 것이다.

메더워의 '과학자들은 현명한 어떤 것을 가지고 있는 데 반해 문예계열의 학생들은 그렇지 않다'는 주장은 상당한 논란을 불러일으켰다. 당연히 셰익스피어나 톨스토이가 전혀 현명한 사람이 아니라고 주장하는 것이냐는 항의를 들어야 했다. 한편 과학이 천재들뿐만 아니라 보통의 능력을 가진 사람들에게도 행복을 가져다 줄 수 있다는 그의 주장은 별로 관심을 끌지 못했다. 하지만 핵심적 메시지는 바로 이것이다. 더 이상 과학자 양성을 지체할 수 없다는 것. 또한 영국이 경제난국에 처하지 않기 위해서는 계속 과학에 관심을 가져야 한다는 이야기는 젊은이들을 과학 분야로 끌어들이는 데 별로 도움이 되지 않는다는 것. 그러나 과학자들의 글을 통해 메더워가 말하는 기쁨과 자기만족이 사실이라는 점을 보여준다면 많은 젊은이들을 과학계통에서 종사하게 만드는 강력한 힘이 될 것이다.

① 평가절하 당하던 과학의 역사와 극복 배경
② 문예전공자들의 과학적 무지가 미치는 파급력
③ 과학의 최대 업적, 배움의 민주화
④ 과학자 양성의 필요성과 그 방법

정답풀이 | 첫 번째 문단에서 과학 분야를 잘 알지 못하는 사람들의 무지의 크기가 커짐을 우려하는 시선과 두 번째 문단에서 과학교육의 필요성과 과학자 양성의 필요성을 언급한 점, 네 번째 문단에서 단순히 경제난국에 처하지 않기 위해서 과학에 관심을 가져야 한다는 주장은 젊은이들을 과학계통으로 유인하기에는 적합하지 않다는 내용이 모두 포괄될 수 있는 내용이 반영된 것이 글의 제목으로 적합하다. 과학을 통해 얻는 것이 기쁨과 자기만족이라는 사실을 보여준다면 오히려 과학계통으로 젊은이들이 유입될 수 있을 것이라는 것이 이 글의 핵심이므로 과학자 양성의 필요성과 그 방법이 이러한 내용을 모두 포괄하는 제목으로 적합하다.

정답 | ④

> **문제해결 TIP**
>
> 제목이나 주제 파악 문항은 지문의 전체 내용을 포괄할 수 있어야 한다. 지엽적인 내용은 제목이나 주제로 적합하지 않다. 이러한 문항을 풀 때에는 선택지를 우선적으로 읽고, 각 문단의 핵심어를 파악하여 가장 유기적인 관계에 있는 선택지를 답으로 고를 수 있어야 한다. 대부분은 지문의 처음과 끝 부분에 화두와 핵심 내용, 정리된 내용 등이 등장하기 때문에 전략적으로 일부분만 읽고 답을 고르는 것도 가능하다.

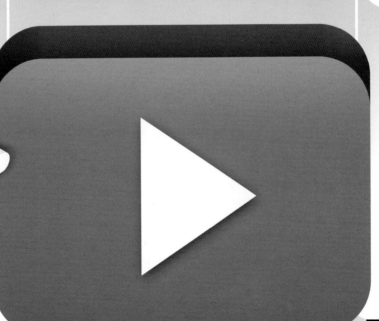

2022
공공기관
채용정보박람회

공정채용

청년취업

사회형평채용

지난 1월 24일부터 28일까지 「2022 공공기관 채용정보박람회」가 유튜브 실시간 개막식을 시작으로 5일 동안 온라인으로 진행되었다. 기획재정부가 주최하고 한국조세재정연구원이 주관하는 「2022 공공기관 채용정보박람회」는 NCS기반 블라인드 채용, 청년인턴, 고졸채용, 지역인재채용, 장애인채용 등 공공기관의 2022년도 채용정보를 제공하고 취업준비생들에게 실질적으로 도움이 되는 다양한 프로그램을 제공하고자 마련된 행사이다.

구체적으로는 기관소개 및 채용계획 정보, 기관별 온라인 채용상담을 진행하는 '채용정보관', LIVE 채용설명회, 인사담당자 및 신입사원 LIVE 토크콘서트로 구성된 'LIVE 프로그램', 블라인드 자기소개서 컨설팅, NCS 직업기초능력/인성검사 모의고사, AI 모의면접 등을 체험할 수 있는 '체험관', NCS 특별강연, 자소서 전략/NCS 필기전략/면접전략 등 공공기관 채용전략 특강, 공공기관 모의토론면접으로 구성된 '부대행사'로 구성되어 있어, 취업준비생들이 실제 취업에 관한 궁금증을 해소하고 2022년의 전반적인 지원 계획을 세울 수 있는 시간으로 활용할 수 있었을 것이다.

이번 박람회에는 공기업 33개, 준정부기관 79개, 기타공공기관 39개 등 총 151개 기업이 참여했고, 분야별로는 SOC, 고용보건복지, 금융, 농림수산환경, 문화예술외교법무, 산업진흥정보화, 에너지, 연구교육 등 8개 분야로 다양하였다.

채용정보박람회는 채용 소식과 내용을 정리한 가이드북을 배포하였는데, 실제 박람회 및 최근 발표된 채용공고를 통해 가이드북에 제시된 내용 외에도 추가적인 채용 관련 소식들이 있었다. 그래서 이번 [정보톡톡]에서는 주요 기관 12개 기업을 선정하여 그 내용을 포함한 채용 관련 알짜 소식들을 전하고자 한다. 특히 '업데이트' 표시를 한 기업은 공공기관 채용정보박람회에서 가이드북이 배포된 이후 공개된 내용을 바탕으로 최신 정보를 업데이트 하였으니, 해당 기업을 준비 중인 취준생이라면 해당 내용을 반드시 확인하기 바란다.

1 한국철도공사(코레일)

정규직 부문

① 일반정규직 채용계획

모집분야	사무 및 기술		근무지	전국	
모집인원	[전일제] 신입 1,400명 [시간제] 해당없음		연봉 (신입기준)	[전일제] 약 33,328천원 수준 [시간제] 해당없음	
전형 절차		전일제 전형	평가기준		전형일정
	1	원서접수	채용홈페이지 온라인 접수		2022년 3월
	2	서류전형	지원자격 충족여부 검증, 우대사항 가점		2022년 3월
	3	필기전형	NCS 직업기초능력평가, 직무수행능력평가		2022년 4월
	4	면접전형	직무능력면접, 인성검사		2022년 5월
	5	신체검사 및 신원조회	신체검사, 철도적성검사, 채용 결격사유 조회		2022년 6월

② 고졸 채용계획

모집분야	사무 및 기술		근무지	전국	
모집인원	[전일제] 신입사원 170명 [시간제] 해당없음		연봉 (신입기준)	[전일제] 약 33,328천원 수준 [시간제] 해당없음	
전형 절차		전일제 전형	평가기준		전형일정
	1	원서접수	채용홈페이지 온라인 접수		2022년 8월
	2	서류전형	지원자격 충족여부 검증, 우대사항 가점		2022년 8월
	3	필기전형	NCS 직업기초능력평가, 직무수행능력평가		2022년 9월
	4	면접전형	직무능력면접, 인성검사		2022년 11월
	5	신체검사 및 신원조회	신체검사, 철도적성검사, 채용 결격사유 조회		2022년 12월

체험형 인턴 부문

직무내용	사무 및 기술	근무지	대전(본사) 및 전국
모집인원	약 1,500명	계약기간	임용일로부터 약 3개월
지원자격	2022년 신규채용 입사지원자 中 정규직에 불합격한 자로서 희망하는 자(일반공채와 병행선발)에 한하여 선발 ※ 일반공채와 지원자격 동일		
전형 절차 및 일정	원서접수: 2022년 3월 서류전형: 2022년 3월 필기전형: 2022년 4월 채용예정: 2022년 6월		

2 한국토지주택공사

정규직 부문

① 일반정규직 채용계획

모집분야	사무(일반행정, 법률, 회계 등), 기술(건축, 토목 등)	근무지	경남(본사) 및 전국지사
모집인원	[전일제] 신입 225명 [시간제] 해당없음	연봉 (신입기준)	[전일제] 약 33,401천원 수준 (성과급 별도) [시간제] 해당없음

전형 절차	전일제 전형		평가기준	전형일정(상반기)
	1	원서접수	채용홈페이지 온라인 접수	2022년 1월
	2	서류전형	자기소개서 평가(우대사항 가점포함) 및 지원자격 충족여부 검증	2022년 1월
	3	필기전형	NCS 직업기초능력평가, 직무수행능력평가	2022년 2월
	4	면접전형	인성검사, 토론면접, 실무면접(직무능력면접), 임원면접(인성면접)	2022년 3월
	5	신원조회 등	채용 결격사유 조회(적부심사) 등	2022년 3월

② 고졸 채용계획

모집분야	사무(행정), 기술(건축, 토목 등)	근무지	경남(본사) 및 전국지사
모집인원	[전일제] 신입 25명 [시간제] 해당없음	연봉 (신입기준)	[전일제] 약 28,484천원 수준(성과급 별도) [시간제] 해당없음

전형 절차	전일제 전형		평가기준	전형일정(상반기)
	1	원서접수	채용홈페이지 온라인 접수	2022년 1월
	2	서류전형	자기소개서 평가(우대사항 가점포함) 및 지원자격 충족여부 검증	2022년 1월
	3	필기전형	NCS 직업기초능력평가, 직무수행능력평가	2022년 2월
	4	면접전형	인성검사, 토론면접, 실무면접(직무능력면접), 임원면접(인성면접)	2022년 3월
	5	신원조회 등	채용 결격사유 조회(적부심사) 등	2022년 3월

체험형 인턴 부문

직무내용	사무, 기술	근무지	경남(본사) 및 전국지사
모집인원	600명	계약기간	임용일로부터 약 4개월
지원자격	원서접수 마감일 기준 만 18세 이상, 만 34세 이하인 자 학력, 전공 제한 없음		
전형 절차 및 일정	원서접수: 2022년 1월 서류전형: 2022년 2월 면접전형: 2022년 3월 채용예정: 2022년 4월		

3 국민건강보험공단
※ 모집인원 및 전형일정 등 세부요소는 상황에 따라 변동될 수 있습니다.

정규직 부문

① 일반정규직 채용계획

모집분야	행정·건강·약무·요양·전산·기술·연구·별정직	근무지	본부, 지역본부 및 지사(출장소 포함)
모집인원	[전일제] 신입 812명, 경력 100명 [시간제] 해당사항 없음	연봉 (신입기준)	[전일제] 약 37,516천원 수준 [시간제] 해당사항 없음

전형 절차		전일제 전형	평가기준	전형일정
	1	원서접수	채용홈페이지 온라인 접수	상반기 3월, 하반기 8월
	2	서류전형	지원자격 충족여부 검증, 직무능력중심 정량 및 정성평가	상반기 4월, 하반기 9월
	3	필기전형	NCS 직업기초능력평가+ 직무시험(국민건강보험법, 장기요양보험법), 인성검사	상반기 5월, 하반기 10월
	4	면접전형	경험행동면접+상황면접	상반기 6월, 하반기 11월
	5	수습임용	채용 결격사유 조회, 임용후보자 등록	상반기 7월, 하반기 12월

② 무기계약직 채용계획

모집분야	업무지원직(환경·보안·시설·운전관리지원직)	근무지	본부, 지역본부 및 지사(출장소 포함)
모집인원	[전일제] 신입 80명 [시간제] 해당없음	연봉 (신입기준)	[전일제] 약 24,000천원 수준 [시간제] 근무시간에 비례

전형 절차		전일제 전형	평가기준	전형일정(상반기)
	1	원서접수	채용홈페이지 온라인 접수	상반기 4월, 하반기 10월
	2	서류전형	지원자격 충족여부 검증, 직무능력중심 정량 및 정성평가	상반기 5월, 하반기 11월
	3	인성검사	온라인 인성검사	상반기 5월, 하반기 11월
	4	면접전형	인성 및 직무능력면접	상반기 6월, 하반기 12월
	5	수습임용	채용 결격사유 조회, 임용후보자 등록	상반기 7월, 하반기 '23. 1월

③ 고졸 채용계획

모집분야	행정직(6급나)	근무지	본부, 지역본부 및 지사(출장소 포함)
모집인원	[전일제] 신입 90명 [시간제] 해당없음	연봉 (신입기준)	[전일제] 약 34,506천원 수준 [시간제] 근무시간에 비례

전형 절차		전일제 전형	평가기준	전형일정(상반기)
	1	원서접수	채용홈페이지 온라인 접수	상반기 3월, 하반기 8월
	2	서류전형	지원자격 충족여부 검증, 직무능력중심 정량 및 정성평가	상반기 4월, 하반기 9월
	3	인성검사	온라인 인성검사	상반기 5월, 하반기 10월
	4	면접전형	인성 및 직무능력면접	상반기 6월, 하반기 11월
	5	수습임용	채용 결격사유 조회, 임용후보자 등록	상반기 7월, 하반기 12월

체험형 인턴 부문

직무내용	행정지원	근무지	본부, 지역본부 및 지사(출장소 포함)
모집인원	약 800명	계약기간	임용일로부터 5개월
지원자격	학력, 전공, 성별 제한 없음, 임용일 기준 만 15세 이상 만 34세 이하인 사람, 대한민국 국적자, 우리 공단에서 청년 인턴으로 근무한 사실이 없는 사람 등		
전형 절차 및 일정	원서접수: 2022년 5~6월(예정) 서류전형: 2022년 6월(예정) 면접전형: 2022년 6~7월(예정) 채용예정: 2022년 7월(예정)		

4 인천국제공항공사

※ 모집인원 및 전형일정 등 세부요소는 상황에 따라 변동될 수 있습니다.

정규직 부문

① 일반정규직 채용계획

모집분야	일반직 신입(5급)	근무지	인천국제공항 일원
모집인원	[전일제] 27명 [시간제] 해당없음	연봉 (신입기준)	[전일제] 약 46,360천원 수준 [시간제] 해당없음

전형 절차		전일제 전형	평가기준	전형일정(상반기)
	1	원서접수	채용홈페이지 온라인 접수	
	2	서류전형	공인어학성적, 우대사항 가점, 입사지원서	
	3	필기전형	NCS직업기초능력평가, 직무수행능력평가	2022년 하반기(예정)
	4	면접전형	(1차)직무역량면접, (2차)종합면접, 논술시험, 인성검사(참고용)	
	5	결격사유조회	채용신체검사, 임용 결격사유 조회	

② 무기계약직 채용계획

모집분야	방재직(소방, 야생동물통제)	근무지	인천국제공항 일원
모집인원	[전일제] 35명 [시간제] 해당없음	연봉 (신입기준)	[전일제] 약 22,600천원 수준 [시간제] 해당없음

전형 절차		전일제 전형	평가기준	전형일정(상반기)
	1	원서접수	채용홈페이지 온라인 접수	
	2	서류전형	지원자격 충족여부 검증, 우대사항 가점	
	3	필기전형	NCS 직업기초능력평가, 직무수행능력평가, 인성검사(참고용)	2022년 상반기(예정)
	4	체력전형	소방공무원 체력시험, 6개 종목 평가	
	4	면접	직무상황면접, 인성면접	
	5	결격사유조회	채용신체검사, 임용 결격사유 조회	

기타	• (응시자격) [소방직] (소방) 1종 대형 운전면허 (구급) 응급구조사 1급 또는 간호사 면허 (예방) 소방시설협회에서 인정하는 초급기술자 이상 [야생동물통제직] 수렵면허증, 운전면허(1종보통 이상) 모두 소지한 자

체험형 인턴 부문

직무내용	부서행정 및 현장업무 지원 등	근무지	인천국제공항 일원
모집인원	약 160명(상·하반기 각 80명)	계약기간	임용일로부터 3개월
지원자격	• 학력, 성별, 경력 등의 제한 없음 • (응시자격) 어학성적기준 [영어] TOEIC 700점, New TEPS 264점, TOEFL(IBT) 79점 이상, [일본어] JPT 700점 이상, [중국어] 新HSK 5급 180점 이상 ※ 국외응시, 조회불가성적, 특별시험 성적 등은 불인정, 입사지원서 접수 마감일 및 채용예정일 기준 모두 유효한 성적만 인정		
전형절차 및 일정	상·하반기 각 1회 모집 예정 원서접수 → 서류전형 → 필기전형 → 면접전형 → 결격사유 조회 순으로 진행		

5 한국가스공사

정규직 부문

① 일반정규직 채용계획

모집분야	일반직, 별정직, 연구직	근무지	대구(본사) 및 전국지사
모집인원	[전일제] 73명(경력직 포함) [시간제] 해당사항 없음	연봉 (신입기준)	[전일제] 약 45,728천원 수준 [시간제] 해당사항 없음

전형 절차		전일제 전형	평가기준	전형일정
	1	원서접수	채용홈페이지 온라인 접수	2022년 8월
	2	서류전형	지원자격 충족여부 검증	2022년 9월
	3	필기전형	인성검사, NCS 직업기초능력평가, 직무수행능력평가	2022년 9월
	4	면접전형	직업기초면접, 직무(PT)면접	2022년 10월
	5	신원조사	신원조사, 서류진위여부확인	2022년 11월

② 고졸 채용계획

모집분야	기술직	근무지	본사 및 전국지사
모집인원	[전일제] 6명 [시간제] 해당사항 없음	연봉 (신입기준)	[전일제] 약 41,280천원 수준 [시간제] 해당사항 없음

전형 절차		전일제 전형	평가기준	전형일정(상반기)
	1	원서접수	채용홈페이지 온라인 접수	2022년 8월
	2	서류전형	지원자격 충족여부 검증	2022년 9월
	3	필기전형	인성검사, NCS 직업기초능력평가, 직무수행능력평가	2022년 9월
	4	면접전형	직업기초면접, 직무(PT)면접	2022년 10월
	5	신원조사	신원조사, 서류진위여부확인	2022년 11월

체험형 인턴 부문

직무내용	사무행정, 고객지원 등	근무지	대구(본사) 및 전국지사
모집인원	약 200명	계약기간	2021년 8월 ~11월 예정
지원자격	원서접수 마감일 기준 만 18세 이상, 만 34세 이하인 자 학력, 전공 제한 없음		
전형 절차 및 일정	원서접수: 2022년 6~7월 서류전형: 2022년 7월 면접전형: 2022년 8월 채용예정: 2022년 8월		

6 한국전력공사 ^{업데이트}

※ 모집인원 및 전형일정 등 세부요소는 상황에 따라 변동될 수 있습니다.

정규직 부문

① 일반정규직 채용계획

모집분야	사무, 기술(전기/ICT/토목/건축/기계/원자력)	근무지	본사(나주) 및 전국 사업소
모집인원	[전일제] 약 250명(하반기 약 150명) [시간제] 해당사항 없음	연봉 (신입기준)	[전일제] 약37,080천원 수준(4직급 대졸수준 공채 기준) [시간제] 해당사항 없음

전형 절차		전일제 전형	평가기준	전형일정
	1	원서접수	채용홈페이지 온라인 접수	2022년 상반기 2월 말 ~3월 공고(예정)
	2	서류전형	외국어 성적 및 자격증 가점, 직무능력기반 자기소개서	
	3	필기전형	NCS직무능력검사, 인재상·핵심가치 등 적합도	
	4	면접전형	직무면접 점수, 직무능력검사 점수	
	5	신원조회	종합면접 점수	
	6	신체검사 및 신원조사	채용신체검사, 채용 결격사유 조회(적부심사)	

기타	[2022. 1. 26. & 2. 8. LIVE 채용설명회 기준 채용 정보] • 필기시험: 과락제도 도입(5개 영역 중 1개 영역 이상에서 하위 30% 이하 점수 득점 시, 총점과 무관하게 탈락 처리) • 시험시간 확대: (기존) 60분 → (변경) 70분　　• 필기시험일 3/19 또는 3/26 유력 • 출제대행사: 현재 선정작업 진행 중　　• 상반기 전기직렬 서류 30배수로 상향 　※ 2021년 상, 하반기 출제대행사: 휴노　　　※ 2021년 하반기: 전기직렬 서류 15배수

② 고졸 채용계획

모집분야	사무, 기술(전기, ICT 등)	근무지	본사(나주) 및 전국 사업소
모집인원	[전일제] 신입 113명 [시간제] 해당사항 없음	연봉 (신입기준)	[전일제] 약33,670천원 수준 [시간제] 해당사항 없음

전형 절차		전일제 전형	평가기준	전형일정(상반기)
	1	원서접수	채용홈페이지 온라인 접수	2022년 3분기(예정)
	2	서류전형	직무능력기반 자기소개서(적·부)	
	3	필기전형	NCS직무능력검사, 인재상·핵심가치 등 적합도	
	4	직무면접	직무면접 점수, 직무능력검사 점수	
	5	종합면접	종합면접 점수	
	6	신체검사 및 신원조사	채용신체검사, 채용 결격사유 조회(적부심사)	

기타	고졸 학력만 제시하여 합격된 대졸자 및 대학 졸업예정자가 사후 적발될 경우, 당사 취업규칙에 의거 합격취소 및 직권해임 가능

체험형 인턴 부문

직무내용	사무, 기술	근무지	전국 사업소
모집인원	약 1,700명(예정)	계약기간	임용일로부터 약 3개월
지원자격	학력, 전공 제한 없음 / 근무 시작일부터 근무 가능한 자		
전형 절차 및 일정	원서접수 / 서류전형 / 면접전형 / 채용예정: 2022년 상반기(예정)		

7 한국수력원자력(주)

정규직 부문

① 일반정규직 채용계획

모집분야	사무, 원자력(기계·전기전자·원자력·화학), 수력·양수(기계·전기전자·수자원), 신·재생에너지, 토건(토목·건축), ICT(통신·전산) 등	근무지	경북 경주·울진, 부산 기장, 울산 울주, 전남 영광, 대전 등
모집인원	[전일제] 대졸신입 200명(상반기) [시간제] 해당사항 없음	연봉 (신입기준)	[전일제] 약 42,331천원 수준 [시간제] 해당사항 없음

전형 절차		전일제 전형	평가기준	전형일정
	1	원서접수	채용홈페이지 온라인 접수	2022년 5월(예정)
	2	1차 전형	사전평가(필기대상자 선정), NCS직무역량검사	2022년 7월(예정)
	3	2차 전형	직업기초능력면접 직무수행능력면접, 관찰면접, 인성검사·심리건강진단(적부)	2022년 8월(예정)
	4	최종 전형	신체검사, 신원조사 및 비위면직자 조회(적부)	2022년 9월(예정)

② 고졸 채용계획

모집분야	기술	근무지	경북 경주·울진, 부산 기장, 울산 울주, 전남 영광, 대전 등
모집인원	[전일제] 신입 30명 [시간제] 해당사항 없음	연봉 (신입기준)	[전일제] 약 36,000천원 수준 [시간제] 해당사항 없음

전형 절차		전일제 전형	평가기준	전형일정
	1	원서접수	채용홈페이지 온라인 접수	2022년 3분기(예정)
	2	1차 전형	NCS직무역량검사, 토익, 인성검사 및 심리건강진단(적부)	2022년 4분기(예정)
	3	2차 전형	직업기초능력면접, 직무수행능력면접, 관찰면접	2022년 4분기(예정)
	4	최종 전형	학업성적, 토익, 이러닝, 오리엔테이션, 신체검사, 신원조사 및 비위면직자 조회(적부)	2023년(예정)

체험형 인턴 부문

직무내용	단기적 성과를 낼 수 있는 프로젝트성 업무, 행정보조 업무(문서관리 및 편집, 통계관리 등), 지역협력업무 보조 및 기타 업무지원 등	근무지	경북 경주·울진, 부산 기장, 울산 울주, 전남 영광, 대전, 서울 등
모집인원	약 600명	계약기간	임용일로부터 3개월
지원자격	원서접수 마감일 기준 만 18세 이상, 만 34세 이하인 자 / 학력, 전공 제한 없음		
전형 절차 및 일정	원서접수: 2022년 3월 / 서류전형: 2022년 4월 최종전형: 2022년 5월 / 채용예정: 2022년 5월		

8 한국남동발전(주)

※ 모집인원 및 전형일정 등 세부요소는 상황에 따라 변동될 수 있습니다.

정규직 부문

① 일반정규직 채용계획

모집분야	기계, 전기, 화학	근무지	진주(본사), 사천, 인천, 분당, 강릉, 여수 등
모집인원	[전일제] 신입 75명 [시간제] 해당사항 없음	연봉 (신입기준)	[전일제] 약 42,000천원 수준 [시간제] 해당사항 없음

전형 절차		전일제 전형	평가기준	전형일정
	1	원서접수	채용홈페이지 온라인 접수	2022년 2월
	2	서류전형	지원자격 충족여부 검증, 자기소개서 검증(적부), 서류평가(어학, 자격증)	2022년 2월
	3	필기전형	직무능력검사, 인성검사	2022년 3월
	4	면접전형	직무면접, 종합면접	2022년 3월
	6	신체검사 및 신원조회 등	채용 결격사유 조회	2022년 4월

② 고졸채용

모집분야	기계, 전기, 화학	근무지	진주(본사), 사천, 인천, 분당, 강릉, 여수 등
모집인원	[전일제] 신입 12명 [시간제] 해당사항 없음	연봉 (신입기준)	[전일제] 약 35,000천원 수준 [시간제] 해당사항 없음

전형 절차		전일제 전형	평가기준	전형일정
	1	원서접수	채용홈페이지 온라인 접수	2022년 9월
	2	서류전형	지원자격 충족여부 검증, 자기소개서 검증(적부), 서류평가(어학, 자격증)	2022년 9월
	3	필기전형	직무능력검사, 인성검사	2022년 10월
	4	면접전형	직무면접, 종합면접	2022년 10월
	6	신체검사 및 신원조회 등	채용 결격사유 조회	2022년 11월

체험형 인턴 부문

직무내용	사무행정, 고객지원 등	근무지	진주(본사), 사천, 인천, 분당, 강릉, 여수 등
모집인원	약 200명	계약기간	임용일로부터 3개월
지원자격	원서접수 마감일 기준 만 18세 이상, 만 34세 이하인 자 학력, 전공 제한 없음		
전형 절차 및 일정	원서접수: 2022년 3 / 8월(상/하반기) 서류전형: 2022년 4 / 9월(상/하반기) 채용예정: 2022년 5 / 10월(상/하반기)		

9 한국남부발전(주)

정규직 부문

① 일반정규직 채용계획

모집분야	사무, ICT, 기계, 전기, 화학, 토목, 건축 등	근무지	본사(부산) 및 사업소(하동, 삼척 등)
모집인원	[전일제] 신입 60명 [시간제] 해당사항 없음	연봉 (신입기준)	[전일제] 약 42,938천원 수준 [시간제] 해당사항 없음

전형 절차	전일제 전형		평가기준	전형일정
	1	원서접수	채용홈페이지 온라인 접수	2022년 하반기 (예정)
	2	서류전형	직무능력기반 지원서 심사(30배수 선발)	
	3	필기전형	직무능력평가(NCS), 전공, 한국사, 영어, 인성평가 (3배수 선발)	
	4	1차 면접전형	PT면접, 토론면접, 실무역량면접(2배수 선발)	
		2차 면접전형	인성 및 조직적합성 평가	
	5	신체검사, 비위면직자 및 신원조회	건강검진 결과, 채용 결격사유 조회(적부심사)	

② 고졸채용

모집분야	기계, 전기	근무지	본사(부산) 및 사업소(하동, 삼척 등)
모집인원	[전일제] 신입 8명 [시간제] 해당사항 없음	연봉 (신입기준)	[전일제] 약 40,000천원 수준 [시간제] 해당사항 없음

전형 절차	전일제 전형		평가기준	전형일정
	1	원서접수	채용홈페이지 온라인 접수	2022년 하반기 (예정)
	2	서류전형	직무능력기반 지원서 심사(30배수 선발)	
	3	필기전형	직무능력평가(NCS), 전공, 한국사, 영어, 인성평가 (3배수 선발)	
	4	1차 면접전형	PT면접, 토론면접, 실무역량면접(2배수 선발)	
		2차 면접전형	인성 및 조직적합성 평가	
	5	신체검사, 비위면직자 및 신원조회	건강검진 결과, 채용 결격사유 조회(적부심사)	

체험형 인턴 부문

직무내용	사무보조 등	근무지	본사(부산) 및 사업소(하동, 삼척 등)
모집인원	상반기 100명, 하반기 100명	계약기간	임용일로부터 3개월
지원자격	학력, 전공 제한 없음		

전형 절차 및 일정	전일제 전형		평가기준	전형일정
	1	원서접수	채용홈페이지 온라인 접수	2022년 상반기, 하반기 각 1회 채용 (예정)
	2	서류전형	직무능력기반 지원서 심사(2배수 선발)	
	3	필기전형	자기소개 영상평가(40%), 실시간 화상면접 평가(60%)	
	5	신체검사, 비위면직자 및 신원조회	건강검진 결과, 채용 결격사유 조회(적부심사)	

10 한국동서발전(주)

※ 모집인원 및 전형일정 등 세부요소는 상황에 따라 변동될 수 있습니다.

정규직 부문

① 일반정규직 채용계획

모집분야	사무, 발전기계, 발전전기, 화학, 토목, 건축, IT	근무지	울산(본사), 당진 등 전국 사업소
모집인원	[전일제] 신입 32명 [시간제] 해당사항 없음	연봉 (신입기준)	[전일제] 약 41,000천원 수준(성과급 포함/별도) [시간제] 근무시간에 비례

전형 절차		전일제 전형	평가기준	전형일정
	1	원서접수	채용홈페이지 온라인 접수	2022년 7월
	2	서류전형	입사지원서 및 지원자격 충족여부 검증 (자격증 등 심사 후 30배수 선발 예정)	2022년 7~8월
	3	필기전형	NCS 직업기초능력평가, 직무수행능력평가, 인성검사	2022년 8~9월
	4	면접전형	직무구술면접, 직무PT토론면접, 인성면접(경영진면접)	2022년 8~9월
	5	건강검진 및 신원조회	건강검진, 채용 결격사유 조회(적부심사)	2022년 10월

② 고졸 채용계획

모집분야	발전기계, 발전전기	근무지	울산(본사), 당진 등 전국 사업소
모집인원	[전일제] 신입 3명 [시간제] 해당사항 없음	연봉 (신입기준)	[전일제] 약 35,000천원 수준 [시간제] 해당사항 없음

전형 절차		전일제 전형	평가기준	전형일정
	1	원서접수	채용홈페이지 온라인 접수	2022년 7월
	2	서류전형	입사지원서 및 지원자격 충족여부 검증 (자격증 등 심사 후 30배수 선발 예정)	2022년 7~8월
	3	필기전형	NCS 직업기초능력평가, 직무수행능력평가, 인성검사	2022년 8~9월
	4	면접전형	직무구술면접, 직무PT토론면접, 인성면접(경영진면접)	2022년 8~9월
	5	건강검진 및 신원조회	건강검진, 채용 결격사유 조회(적부심사)	2022년 10월

체험형 인턴 부문

직무내용	수행 직무별 문제해결형 과제	근무지	울산(본사), 당진 등 전국 사업소
모집인원	약 190명(상/하반기 분할)	계약기간	미정
지원자격	원서접수 마감일 기준 만 18세 이상, 만 34세 이하인 자 학력, 전공 제한 없음		
전형 절차 및 일정	원서접수: 2022년 3~4월 서류전형: 2022년 4월 채용예정: 2022년 5월		

11 한국서부발전(주) 업데이트

정규직 부문

① 일반정규직 채용계획

모집분야	사무, 기술(전기, 기계, 화학, ICT, 토목, 건축)	근무지	태안(본사 및 사업소), 인천, 평택, 군산, 김포 등
모집인원	[전일제] 신입 79명 [시간제] 해당사항 없음	연봉 (신입기준)	[전일제] 약 45,381천원 수준 [시간제] 해당사항 없음

전형 절차		전일제 전형	평가기준	전형일정
	1	원서접수	채용홈페이지 온라인 접수	2022년 1월 26일~ 2월 10일
	2	서류전형	어학(60점), 자격증(사무 10점/ 기술 30점), 입사지원서(10점) ※ 입사지원서 불성실 기재자 제외	2022년 2월
	3	필기전형	NCS 직업기초능력평가(100점), 직무지식평가(100점), 인성검사(적·부)	2022년 3월 5일(토)
	4	면접전형	개별인터뷰(60점), 직무상황(그룹)면접(40점)	2022년 3월
	5	건강검진 및 신원조회	건강검진 및 신원조회, 채용 결격사유 조회(적부심사)	2022년 4월

② 고졸 채용계획

모집분야	기계, 전기	근무지	태안(본사 및 사업소), 인천, 평택, 군산, 김포 등
모집인원	[전일제] 신입 약 10명 [시간제] 해당사항 없음	연봉 (신입기준)	[전일제] 약 40,024천원 수준 [시간제] 해당사항 없음

전형 절차		전일제 전형	평가기준	전형일정
	1	원서접수	채용홈페이지 온라인 접수	하반기 채용 예정 (상세일정 미정)
	2	서류전형	입사지원서(100점) ※ 입사지원서 불성실 기재자 제외	
	3	필기전형	NCS 직업기초능력평가(100점), 직무지식평가(100점), 인성검사(적·부)	
	4	면접전형	개별인터뷰(60점), 직무상황(그룹)면접(40점)	
	5	건강검진 및 신원조회	건강검진 및 신원조회, 채용 결격사유 조회(적부심사)	

체험형 인턴 부문

직무내용	사무, 기술	근무지	태안(본사 및 사업소), 인천, 평택, 군산, 김포 등
모집인원	약 200명(1차 100명, 2차 100명)	계약기간	1차: 약 3개월, 2차: 약 4개월
지원자격	학력, 어학: 제한 없음 연령: 원서접수 마감일 기준 『청년고용촉진특별법』에 따른 청년(만 15세 이상 만 34세 이하)에 한함 선발대상 제외자: 당사 체험형 인턴 경험이 있는 분, 회사가 정한 입사일부터 근무가 불가능한 분		

전형 절차 및 일정		전일제 전형	평가기준	전형일정
	1	원서접수	채용홈페이지 온라인 접수	1차/2차 채용 예정 (상세일정 미정)
	2	서류전형	지원서 평가 ※ 입사지원서 불성실 기재자 제외	
	3	최종 합격자 발표	-	

12 한국중부발전(주) ^{업데이트}

※ 모집인원 및 전형절차, 진행시기 및 세부요소는 변동될 수 있습니다.

정규직 부문

① 일반정규직 채용계획

모집분야	사무, 정보통신, 발전화학, 토목, 건축	근무지	서울, 인천, 보령, 서천, 제주, 세종 등
모집인원	[전일제] 신입 43명 [시간제] 해당사항 없음	연봉 (신입기준)	[전일제] 약 42,358천원 수준(성과급 별도) [시간제] 해당사항 없음

<table>
<tr><td rowspan="9">전형 절차</td><td colspan="4">• '22년 상반기 4직급(대졸) 채용(총 43명)
  - 모집분야: 사무, 정보통신, 발전화학, 토목, 건축</td></tr>
<tr><td colspan="2" align="center">전일제 전형</td><td align="center">평가기준</td><td align="center">전형일정</td></tr>
<tr><td align="center">1</td><td>원서접수</td><td>채용홈페이지 온라인 접수</td><td>2022년 2월 3일~10일</td></tr>
<tr><td align="center">2</td><td>직무적합도평가</td><td>인·적성검사(온라인, 적부심사)</td><td>2022년 2월 14일~15일</td></tr>
<tr><td align="center">3</td><td>필기전형
(직무능력평가)</td><td>NCS 직업기초능력평가, 직무수행능력평가</td><td>2022년 3월 5일~6일</td></tr>
<tr><td align="center">4</td><td rowspan="2">면접전형</td><td>1차면접: PT면접 / 토론면접 등</td><td rowspan="2">2022년 3월 21일~25일
(1차), 4월 4일~8일(2차)</td></tr>
<tr><td align="center"></td><td>2차 면접: 인성면접</td></tr>
<tr><td align="center">5</td><td>신원조회 및 신체검사</td><td>건강검진, 채용 결격사유 조회(적부심사)</td><td>2022년 4월 13일~14일</td></tr>
<tr><td colspan="4">• '22년 하반기 4직급(대졸, 고졸) 채용
  - 모집분야: 발전기계, 발전전기, 발전화학(변동 가능)
  - 전형일정: 모집(8월)~입사(11월) 예정(세부계획 미확정 및 변동 가능)</td></tr>
</table>

② 고졸 채용계획

모집분야	발전기계, 발전전기	근무지	서울, 인천, 보령, 서천, 제주, 세종 등
모집인원	[전일제] 신입 10명 [시간제] 해당없음	연봉 (신입기준)	[전일제] 약 37,786천원 수준 (성과급 별도) [시간제] 해당없음

전형 절차	• '22년 하반기 4직급(대졸, 고졸) 채용
	  - 모집분야: 발전기계, 발전전기(변동 가능)
	  - 전형일정: 모집(8월)~입사(11월) 예정(세부계획 미확정 및 변동 가능)		

체험형 인턴 부문

직무내용	사무행정, 기술지원 등 업무보조	근무지	서울, 인천, 보령, 서천, 제주, 세종 등
모집인원	220명	계약기간	임용일로부터 3개월
지원자격	학력, 전공, 연령, 자격증, 외국어 제한 없음		

전형 절차
및 일정
	• '22년 제1차(사회형평적 분야) 체험형 인턴 선발
	  - 원서접수: '22년 1~2월 / 서류전형: '22년 2월 / 채용예정: '22년 3월
	• '22년 제2차 체험형 인턴 선발
	  - 원서접수: '22년 4~5월 / 서류전형: '22년 5월 / 채용예정: '22년 6월
	• '22년 제3차 체험형 인턴 선발
	  - 원서접수: '22년 8~9월 / 서류전형: '22년 9월 / 채용예정: '22년 10월		

제시된 12대 기업의 채용 관련 내용은 2022 공공기관 채용정보박람회의 배포 자료인 가이드북을 바탕으로 하고 있다. 하지만 앞서 언급한 바와 같이 최근 발표된 2022 상반기 채용 공고 및 온라인 LIVE 채용설명회에 참여한 기업에 따라서는 배포 자료와 다른 내용이 있었고, 이번 [정보톡톡]에서는 그 내용을 포함하고 있다. 특히 한국서부발전 및 한국중부발전은 실제 2022 상반기 채용 공고에서 가이드북에서 밝힌 채용 계획과는 채용 일정 및 채용 인원, 전형 절차에 차이가 있었으며, 박람회 채용설명회에서 이에 관한 채용 계획을 설명하였다. 또한 한국전력공사는 가이드북에서는 구체적인 채용 계획 및 인원을 밝히지 않았으나, LIVE 채용설명회에서 상반기 채용 인원 및 채용 시기, 직렬, 출제대행사 관련 정보를 설명한 바 있다.

그만큼 최신 자료를 기준으로 하여 업데이트하였으나, 지원자격이나 가점 등의 더욱 자세한 것은 각 기관의 채용 홈페이지에 게시되는 내용을 확인해야 한다. 또, 기관 사정에 의해 채용 일정 및 규모는 언제든 바뀔 수 있으니 취준생들은 끝까지 채용공고에 관심을 갖고 유심히 살펴보기 바란다.

 2022 공공기관 채용정보박람회에서 배포한 가이드북을 에듀윌 도서몰(https://book.eduwill.net)의 월간NCS 2022년 03월호 [부가학습자료]에서 확인할 수 있다.

월간NCS 2022년 02월호 | 고난도 NCS 문제 풀이 꿀팁

우선 일요일을 모두 찾는다. 1월 1일이 토요일이므로 일요일을 찾으면 다음과 같다.

1월	2일, 9일, 16일, 23일, 30일	**7월**	3일, 10일, 17일, 24일, 31일
2월	6일, 13일, 20일, 27일	**8월**	7일, 14일, 21일, 28일
3월	6일, 13일, 20일, 27일	**9월**	4일, 11일, 18일, 25일
4월	3일, 10일, 17일, 24일	**10월**	2일, 9일, 16일, 23일, 30일
5월	1일, 8일, 15일, 22일, 29일	**11월**	6일, 13일, 20일, 27일
6월	5일, 12일, 19일, 26일	**12월**	4일, 11일, 18일, 25일

= 총 52일

다음으로 일요일을 제외한 공휴일을 찾는다. 이를 정리하면 다음과 같다.

1월	1일, 31일	**8월**	15일,
2월	1일, 2일	**9월**	9일, 10일, 11일
3월	1일, 9일	**10월**	3일, 9일
5월	5일, 8일	**12월**	25일
6월	1일, 6일		

= 총 17일

이 중 토요일 또는 일요일과 겹치는 날은 5월 8일, 9월 11일, 10월 9일, 12월 25일이다.
이 중 대체공휴일이 가능한 날은 9월 11일과 10월 9일뿐이다.
또한 3월 1일, 8월 15일, 10월 3일, 10월 9일, 5월 5일은 토요일과 겹치지 않는다.
따라서 공휴일은 총 **52+17-2=67(일)**이다.

❶ 논리적 순서에 따른 문단 배열 문제들은 문제 자체의 난이도에는 큰 차이가 없으나 소재의 체감 난도를 올림으로써 난이도를 조절하는 경향이 있다. 따라서 이 유형은 문제의 답을 찾는 방법에 따라 시간을 극단적으로 단축할 수 있는 유형이므로 이번 월호에서는 문제 풀이 시간을 단축할 수 있고 답을 쉽게 찾을 수 있는 꿀팁을 공개 수배하고자 한다.

다음 글을 논리적 순서에 맞게 배열한 것을 고르면?

(가) 우리나라의 경우도 민주주의와 시장경제가 정치와 경제의 기본 골격이다. 따라서 민주주의와 시장경제를 조화롭게 결합시키는 일이 매우 중요하다. 그러기 위해서는 둘 사이의 차이점과 공통점에 대한 올바른 인식이 선행되어야 한다. 민주주의의 근간인 자율과 타협과 참여의 정신에 대해 제대로 인식하고 이를 실천하려는 노력이 필요하며, 시장경제의 기본 원리인 자유 경쟁, 수요와 공급에 따른 자원 분배 등의 중요성에 대해 바르게 이해해야 한다.

(나) 현대 사회에서 많은 국가들이 정치적으로는 민주주의를, 경제적으로는 시장경제를 지향하고 있다. 이런 상황에서 경제 활동의 주된 내용인 자원의 배분과 소득의 분배는 기본적으로 두 가지 형태의 의사 결정에 의해서 이루어진다. 하나는 시장 기구를 통한 시장적 의사 결정이며, 다른 하나는 정치 기구를 통한 정치적 의사 결정이다. 이와 관련하여 많은 사람들이 민주주의와 시장경제를 한가지인 것처럼 인식하는 경우가 많다. 그러나 이 둘은 의사 결정 과정에서부터 분명한 차이를 보인다.

(다) 정치적 의사 결정은 다수결과 강제성을 전제로 하지만 시장적 의사 결정은 완전 합의와 자발성을 근간으로 한다. 투표를 통한 결정이든 선거에 의해 선출된 사람들의 합의에 의한 결정이든 민주주의 제도 하에서 의사 결정은 다수결로 이루어지며, 이 과정에서 반대를 한 소수도 결정이 이루어진 뒤에는 그 결정에 따라야 한다. 그러나 시장적 의사 결정에서는, 시장 기구가 제대로 작동하는 한, 거래를 원하는 사람만이 자발적으로 의사 결정에 참여하며 항상 모든 당사자의 완전 합의에 의해서만 거래가 이루어진다.

(라) 민주주의 사회에서 정치적 의사 결정은 투표에 의해서 이루어진다. 이 경우 구성원들은 자신의 경제력에 관계없이 똑같은 정도의 결정권을 가지고 참여한다. 즉 의사 결정 과정에서의 민주적 절차와 형평성을 중시하는 것이다. 그러나 시장적 의사 결정에서는 자신의 경제력에 비례하여 차별적인 결정권을 가지고 참여하며, 철저하게 수요-공급의 원칙에 따라 의사 결정이 이루어진다. 경제적인 효율성이 중시되는 것이다.

(마) 물론 민주주의와 시장경제가 전적으로 상치되는 것은 아니다. 이 둘은 공통적으로 자유주의 사상에 바탕을 두고 있기 때문에 병행하여 발전하는 속성도 지니고 있다. 민주주의는 정치권력의 남용을 차단하고 자유로운 분위기를 조성함으로써 시장경제의 성장과 발전에 기여한다. 또한 시장경제는 각자의 능력과 노력에 따라 정당한 보상을 받게 함으로써 민주주의의 발전에 필요한 물적 기반을 제공하며 정치적 안정에도 기여한다.

① (나) – (가) – (마) – (라) – (다)
② (나) – (라) – (다) – (마) – (가)
③ (나) – (라) – (마) – (다) – (가)
④ (라) – (다) – (가) – (마) – (나)
⑤ (라) – (다) – (나) – (마) – (가)

 정답 ②

◀ 꿀팁 제출 바로가기 QR 코드 스캔 후, 여러분만의 해설과 꿀팁을 알려주세요!

월간NCS는

매달 최신 취업 트렌드와
100% 새 문항으로
여러분의 합격을 응원합니다.

I

NCS
영역별 최신기출

한국서부발전 & 한국남동발전 기출복원·변형 30제

2021~2020 한국서부발전, 한국남동발전 필기시험 문항의 영역별 최신 출제 유형 및 기출복원 정보를 활용하여 재구성한 문항을 학습할 수 있도록 구성하였습니다.

01	의사소통능력	✓	05	자원관리능력	✓	09	조직이해능력	✓
02	수리능력	✓	06	대인관계능력	☐	10	직업윤리	✓
03	문제해결능력	✓	07	정보능력	✓			
04	자기개발능력	☐	08	기술능력	✓			

의사소통능력

01 다음 글을 읽고 [보기]의 ㉠~㉤을 사건이 발생한 시간의 흐름에 따라 바르게 나열한 것을 고르면?

> 　　임철우의 「사평역」은 산업화 과정에서 소외된 사람들의 애환과 그에 대한 연민을 형상화하
> 고 있다. 사평역은 간이역으로 특급 열차가 서지 않는 곳이다. 이곳에는 가난하고 병든 노인
> 과 그의 아들, 감옥에 있다가 출소한 중년 사내, 가난한 집안의 희망이지만 학생 운동을 하다
> 가 제적을 당한 청년, 남편 없이 아이들을 키우는 서울 여자, 술집 작부인 춘심 등 여러 사람
> 이 연착하는 야간 완행열차를 기다리고 있다. 작가는 이를 통해 소외당한 사람들의 애환을 그
> 리는 한편, 사평역 대합실에 있는 난로를 통해 이들에 대한 따뜻한 연민을 드러내고 있다.

┤ 보기 ├

㉠ 그날, 청년은 누군가가 어지럽게 볼펜으로 휘갈겨 놓은 책상 위의 낙서들을 물끄러미 내려
다보며 홀로 강의실에 앉아 있었다.

㉡ 그는 바로 전날 밤, 제적 처분되었다는 사실을 학교로부터 통고받았다.

㉢ 주인도 없는 새에 주인도 아닌 사람들이 주인도 모르게 자신의 이름 석 자를 제멋대로 재판
하였다는 거였다.

㉣ 이튿날 조간신문 귀퉁이에서 제 이름을 찾아냈을 때 그는 한동안 자신과 기사 속의 그 이름
과의 정확한 관계를 찾아내려 애를 썼다.

㉤ 끝내 실감이 나지 않아서 여느 때 하듯 귀퉁이가 쭈그러진 책가방을 챙겨 들고 쭈뼛쭈뼛 강
의실에 들어서자마자 친구들은 너도나도 그를 에워쌌다.

① ㉠－㉡－㉢－㉣－㉤

② ㉡－㉢－㉣－㉤－㉠

③ ㉢－㉡－㉣－㉤－㉠

④ ㉢－㉣－㉡－㉠－㉤

⑤ ㉤－㉠－㉡－㉢－㉣

📊 단계별 접근방법

1. 먼저 주어진 글을 통해 [보기]의 내용이 어느 부분에 해당하는지 찾는다.
   [보기] ㉠~㉤의 내용은 주어진 글 중 '가난한 집안의 희망이지만 학생 운동을 하다가 제적을 당한 청년'의 이야기임을 확인할 수
   있다.

2. 줄거리를 토대로 ㉠~㉤에서 시간적 순서를 파악할 단서를 찾아 사실 관계를 정리한다.
   ㉠ '그날', '낙서들을 내려다보며', '강의실에 앉아 있었다' → 강의실에 앉아서 낙서를 내려다 봄
   ㉡ '바로 전날 밤', '제적 처분' '학교로부터 통고' → 학교로부터 제적 통고를 받음
   ㉢ '사람들이 자신의 이름 석 자를 제멋대로 재판' → 제적 처분을 내림
   ㉣ '이튿날', '조간신문 귀퉁이에서 제 이름을 찾아냈을 때' → 제적 관련 내용이 신문에 실림
   ㉤ '끝내 실감이 나지 않아서', '강의실에 들어서자마자' → 신문에서 제적 사실을 확인했으나 등교함

3. 맥락상 선후 관계를 고려하여 ㉠~㉤을 시간의 흐름에 따라 연결한다.
   제적 처분을 내림(㉢) → 학교로부터 제적 통고를 받음(㉡) → 제적 관련 내용이 신문에 실림(㉣) → 신문에서 제적 사실을 확인
   했으나 등교함(㉤) → 강의실에 앉아서 낙서를 내려다 봄(㉠)

02 다음 글의 ㉠에 대한 설명으로 적절하지 <u>않은</u> 것을 고르면?

> 토론은 어떤 문제에 대해 의견이 서로 엇갈린 경우 일정한 규칙과 순서에 따라 각각 자기 쪽의 의견이나 주장이 옳다고 내세우면서 상대편이 그것을 받아들이도록 설득하는 경쟁적 의사 결정 방법이다.
>
> 토론의 주제는 찬성과 반대의 입장으로 나뉠 수 있는 문제여야 하는데 이러한 토론의 주제를 논제라고 한다. 논제가 정해지면 그 논제와 관련된 쟁점을 명확히 파악해야 한다. 쟁점이란 논제를 전제로 하여 찬반 양측이 대립하는 지점을 뜻하며, 이때 반드시 짚어 봐야 하는 쟁점을 필수 쟁점이라고 한다. 쟁점을 파악했다면 쟁점별로 논증을 구성하여 토론을 준비해야 한다. 논증을 구성할 때 주장과 근거를 마련해야 하는데, 주장은 쟁점을 중심으로 하여 일관성과 타당성이 있어야 하고, 근거는 상대편과 청중을 설득할 수 있도록 객관적이고 논리적이어야 한다. 논증을 위한 자료는 토론 전에 충분히 준비하고 상대편의 공격과 청자의 이해 등을 고려하여 유기적으로 조직해야 한다. 논증의 질과 양이 토론의 성패를 결정짓는다고 볼 수 있다.
>
> 주장을 뒷받침하는 근거와 자료는 신뢰성, 타당성, 공정성을 지닌 것이어야 한다. 토론은 토의와 달리 상대방의 주장에 대해 반박을 해야 한다. 필요한 경우 상대방의 주장에서 불합리한 점, 논리적인 모순이나 오류를 찾기 위해 질문을 할 수도 있다. 반박은 상대방의 주장을 깨뜨리고 자신의 주장을 공고하게 할 수 있는 기회이므로, 반박을 할 때에는 감정을 앞세우기보다 이성적이고 논리적으로 말해야 한다. 상대방의 반박과 질문에 대해 적절한 대답을 논리적으로 하지 못하는 토론자는 청중으로부터 신뢰감을 잃게 된다. 그러므로 토론을 준비할 때 자신의 주장에 대해 반박할 만한 내용을 예상해 보고 답변 자료를 철저하게 준비하는 것이 좋다.
>
> 토론은 찬반 양측으로 나누어 언쟁을 벌이기는 하지만 공동체의 문제에 대한 이해를 높이고 합리적인 방안을 강구하는 데 궁극적인 목적이 있다. 공동체의 문제는 개인의 문제와 달리 여러 사람의 인격과 가치, 이익과 연관되어 있으므로, 토론과 같은 공동체의 의사 결정 과정을 통해 합리적인 방안을 찾는 것이 바람직하다. 따라서 ㉠<u>토론을 할 때에는 다음과 같은 태도로 참여하여야 한다.</u>

① 논제에서 벗어나는 말을 삼간다.
② 최선의 해결책을 찾는 데 노력을 기울인다.
③ 상대측의 발언을 경청하고 메모하며 듣는다.
④ 청자의 반응을 살피기 위해 다양한 매체를 활용한다.
⑤ 토론의 규칙을 잘 지키며 발언 순서와 시간을 지키려 노력한다.

난이도 ★★★★☆　　　　　　　　　　　　　　　　　　　2021년 상반기 한국서부발전 기출 변형

03 다음 글을 통해 추론한 것으로 적절하지 <u>않은</u> 것을 고르면?

> 소비자들은 제품을 선택할 때 여러 개의 제품 중 본인이 가장 좋다고 생각하는 제품을 선택한다. 그런데 이때 소비자는 제품을 둘러싼 상황에 영향을 받기 마련이다. 이에 대한 현상을 설명하는 것으로 맥락 효과가 있는데, 맥락 효과의 대표적 유형에는 유인 효과와 타협 효과가 있다.
>
> 유인 효과란 기존에 두 개의 경쟁하는 제품이 있을 때, 새로운 제품의 추가로 인해 기존 제품 가운데 하나는 시장점유율이 높아지고 다른 하나는 시장점유율이 낮아지는 현상이다. 예를 들어 시장에 컴퓨터 A와 B가 있는 경우 소비자는 가격과 처리 속도라는 두 가지 속성만을 고려하여 제품을 선택한다고 가정하자. 가격 면에서는 A가 저렴하여 우월하고, 처리 속도 면에서는 B가 빨라 우월하다. 이런 경우 두 제품은 상충 관계에 있다고 하며, 소비자는 제품 선택에 어려움을 겪는다. 이때 B보다 가격과 처리 속도 면에서 열등한 C를 추가하게 되면 B의 시장점유율이 상승하고 경쟁하던 A의 시장점유율이 하락하는 현상이 일어난다는 것이 유인 효과이다. 여기에서 C는 유인 대안이라 하고, 유인 대안이 추가되어서 시장점유율이 하락하는 A는 경쟁 대안, 유인 대안 때문에 시장점유율이 상승하는 B는 표적 대안이라 한다. 이런 현상이 발생하는 것은 유인 대안의 등장으로 소비자가 표적 대안과 경쟁 대안과의 가격 차이를 상대적으로 적게 느껴 표적 대안을 선택하는 것이 유리하다고 생각하게 만들기 때문이다. 결국 B를 선택한 소비자는 제품에 대한 가치 평가가 달라져 자신의 선택을 합리적인 것으로 생각하기 쉬워진다.
>
> 타협 효과는 시장에 두 가지 제품만 존재하는 상황에서 세 번째 제품이 추가될 때, 속성이 중간 수준인 제품의 시장점유율이 높아지는 현상을 말한다. 예를 들어 가격이 비싸면서 처리 속도가 우수한 컴퓨터와 가격이 저렴하면서 처리 속도가 떨어지는 컴퓨터가 있을 때, 중간 정도의 가격과 처리 속도를 지닌 컴퓨터가 등장하면 중간 수준인 새로운 제품을 선택하는 소비자가 많아진다. 이러한 현상이 발생하는 원인은 소비자의 성향에 기인한다. 소비자들은 대안에 대한 평가가 어려울 때 보통 비교하고자 하는 속성의 중간 대안을 선택하여 자신의 결정을 합리화하려는 심리가 강하다.

① 소비자의 선호도는 맥락 효과로 유도된 결과일 수 있다.

② 맥락 효과는 제품에 대한 소비자의 선택 변화 현상을 상황 맥락과 연관 지었다.

③ 유인 효과는 판매자가 이미 팔 제품을 선택했을 때 쓸 수 있는 마케팅 전략이다.

④ 타협 효과는 소비자가 손실보다는 이익에 더 민감한 반응을 보여 주는 결과이다.

⑤ 극장에 3,000원인 팝콘 '소'와 7,000원인 팝콘 '대'가 있을 때, 6,500원에 팝콘 '중'을 추가한다면 팝콘 '대'의 판매율이 올라갈 것이다.

04 다음 글의 주제로 가장 적절한 것을 고르면?

공자는 사회 혼란을 치유하는 방법을 '인(仁)'의 실천에서 찾고, '인'의 실현에 필요한 객관 규범으로서 '의'를 제시하였다. 공자가 '인'을 강조한 이유는 자연스러운 도덕 감정인 '인'을 사회 전체로 확산했을 때 비로소 사회가 안정될 것이라고 보았기 때문이다. 이때 공자는 '의'를 '인'의 실천에 필요한 합리적 기준으로서 '정당함'을 의미한다고 보았다.

맹자는 공자와 마찬가지로 혈연관계에서 자연스럽게 드러나는 도덕 감정인 '인'의 확산이 필요함을 강조하면서도, '의'의 의미를 확장하여 '의'를 '인'과 대등한 지위로 격상하였다. 그는 부모에게 효도하는 것은 '인'이고, 형을 공경하는 것은 '의'라고 하여 '의'를 가족 성원 간에도 지켜야 할 규범이라고 규정하였다. 그리고 나의 형을 공경하는 것에서 시작하여 남의 어른을 공경하는 것으로 나아가는 유비적 확장을 통해 '의'를 사회 일반의 행위 규범으로 정립하였다. 나아가 그는 '의'를 개인의 완성 및 개인과 사회의 조화를 위해 필수적인 행위 규범으로 설정하였고, 사회 구성원으로서 개인은 '의'를 실천하여 사회 질서 수립과 안정에 기여해야 한다고 주장하였다.

공자의 정치사상은 덕치주의와 정명론(正名論)으로 집약될 수 있다. 덕치주의가 통치 방법에 있어 힘이나 강제에 의한 통치보다는 덕에 의한 자발적 감화를 중시한 것이라면, 정명론은 그 실천적 내용을 담고 있다. 이러한 공자의 사상은 맹자에 의해 인정(仁政)으로 이어져 왕도 정치 사상의 핵심적 정신으로 계승되고 있다.

유학을 수기(修己)·치인(治人)의 사상이라고 볼 때, 왕도 사상은 치인에 속하는 것이지만, 수기와 치인은 상호 분리되는 것이 아니다. 엄격한 의미에서는, 치인보다는 오히려 수기가 더 근본적인 것이다. 이 때문에 맹자는 왕도정치 실현의 근거를 인간의 내면적 성선(性善)에서 찾는다. 이것은 공자의 덕치주의의 계승이며 심화라 할 수 있다. 죽으러 끌려가는 소를 보고 그것을 측은히 여기는 제선왕(齊宣王)의 마음에서 왕도정치 실현의 가능성을 신뢰하는 맹자의 말이 바로 그 단적인 예다. 맹자는 군주의 이런 어진 마음이 구체적인 정치 현실로 표현될 때 바람직한 정치가 이루어진다는 주장과 함께, 그 실천 방법을 제시한다. 그는 왕도정치의 실현을 위해서는 경제적 안정을 통한 민생의 확립이 가장 기초적인 문제라고 생각하였다. 항산(恒産)을 갖지 못하고서는 항심(恒心)을 갖기 어렵다는 맹자의 말은, 민의 안정된 생업을 보장해 주지는 못하고 거꾸로 생활의 안정을 방해하면서 국가에 대한 충성과 의무만을 강요해서는 안 된다는 의미로, 통치자에 대한 일종의 경고이다.

① 공자와 맹자의 정치사상의 변천
② 공자와 맹자의 정치사상의 장점과 단점
③ 공자와 맹자의 정치사상의 공통점과 차이점
④ 공자와 맹자의 정치사상의 미래 지향적 계승

난이도 ★★★☆☆

05 다음 글을 읽고 일치하지 <u>않는</u> 것을 고르면?

유리는 어떻게 만들어질까? 그 출발점은 액체이다. 액체를 이루는 원자나 분자들은 내부에서 끊임없이 위치와 방향을 바꾸며 자유롭게 움직여서 액체에 유동성을 부여한다. 중등 과학에서 물질의 상태와 변화를 다룰 때 액체를 냉각시키면 결정이라 불리는 고체로 상전이를 한다고 배운다.

대표적인 사례로 거론되는 물을 보자. 고온에서 기체 상태인 수증기의 온도를 섭씨 100도 이하로 낮추면 액체인 물이 되고, 이 물의 온도를 더 낮춰 섭씨 0도 이하로 낮추면 고체인 얼음이 된다. 얼음 속을 확대해 볼 수 있다면 일정한 간격으로 규칙적으로 배열되어 서로를 붙들고 있는 물 분자들을 확인할 수 있을 것이다. 물론 열에너지가 있기 때문에 분자들이 제자리에서 살짝 떨기는 하겠지만 말이다. 이처럼 물질을 구성하는 원자나 분자가 일정한 주기를 가지고 3차원상에서 규칙적으로 결합되고 배열되어 만드는 물질을 고체, 특히 결정이라 부른다.

그런데 어떤 액체는 냉각시키면 어는점에서 결정으로 변하지 않고 유리가 된다. 상당히 많은 물질은 액체 상태에서 냉각 속도를 충분히 높이면 어는점에서 결정화를 회피할 수 있고 액체의 구조적 무질서도가 그대로 동결되어 쉽게 유리를 만들 수 있다. 이렇게 고온에서 용융된 물질을 급랭해서 유리를 만드는 방법을 '고온용융법'이라 부른다. 급랭에 의해 액체가 유리가 되는 과정은 액체 속 원자나 분자들의 불규칙한 운동을 슬로우 모션으로 보다가 결국 정지 사진으로 박제화하면서 그 자리에 고정시켜 버리는 과정처럼 묘사할 수 있다. 중간 과정을 생략한 채 액체와 유리만 비교해 보자면 흡사 마구잡이로 돌아다니는 액체 속 모든 분자들에게 "얼음 땡!"을 외쳐 정지시킨 것처럼 말이다. 그렇지만 금속이나 대칭적인 모습의 원자·분자들은 결정으로 변하는 경향성이 매우 높아 냉각 속도를 극단적으로 높이지 않으면 유리를 만들기 힘들다. 일부 금속은 초당 백만~십억 도 정도의 엄청난 냉각률을 확보해야 간신히 유리가 되기도 한다.

① 액체 상태에서 냉각 속도를 높여 유리를 만들 수 있는 물질은 극소수이다.
② 대칭적인 모습의 원자·분자들은 엄청난 냉각률을 확보해야만 간신히 유리가 될 수 있다.
③ 결정이란 물질을 구성하는 원자나 분자가 3차원상에서 일정한 주기를 가지로 결합되고 배열된 상태이다.
④ 액체가 유동성이 있는 이유는 액체를 이루는 원자나 분자들은 내부에서 끊임없이 자유롭게 이동하기 때문이다.
⑤ 고온용융법은 액체 상태에서 냉각 속도를 충분히 높여 어는점에서 결정화를 회피하게 하여 액체 속 원자나 분자들을 정지 상태에서 박제화하는 것이다.

06 다음 중 주어진 관계에 어울리도록 ㉠에 들어갈 단어로 적절한 것을 고르면?

학교	학생
고등학교	대학교

영화	㉠
공포영화	SF 영화

① 배우   ② 연극   ③ 극장

④ 팝콘   ⑤ 시상식

07 다음 중 주어진 단어 관계와 가장 유사하게 짝지어진 것을 고르면?

은하계 ― 태양계

① 질책 ― 칭찬

② 시계 ― 시침

③ 어림 ― 대중

④ 여명 ― 황혼

⑤ 괄시 ― 홀대

수리능력

난이도 ★★★★☆

01 P사에서는 사내 직원 50명을 대상으로 현재 진행하고 있는 A, B, C사업에 대한 선호도 조사를 했다. B사업을 선호하는 사람은 20명, 두 가지 사업만을 동시에 선호하는 사람은 11명, 두 가지 사업만을 선호하는 사람 중 A사업과 C사업만을 선호하는 사람은 2명이었다. 또한 세 가지 사업 모두 동시에 선호하는 사람은 5명, 세 가지 사업 모두 선호하지 않는 사람은 7명이라고 할 때, A 사업 또는 C사업을 선호하는 사람은 몇 명인지 고르면?

① 33명   ② 35명   ③ 37명
④ 40명   ⑤ 42명

난이도 ★★★☆☆

02 A컵에는 농도가 12%인 소금물 200g, B컵에는 농도가 8%인 소금물 250g이 들어있다. 아무것도 들어있지 않은 C컵에 A컵에 들어있는 소금물 100g과 B컵에 들어있는 소금물 100g을 섞은 후, 물 50g을 추가로 넣어 섞었을 때, C컵에 들어있는 소금물의 농도를 고르면?

① 6%   ② 7%   ③ 8%
④ 9%   ⑤ 10%

⏱️ 빠른 문항풀이

01번과 같은 문항은 벤다이어그램을 활용하면 보다 더 빠르게 문제를 해결할 수 있다. 따라서 다음과 같이 벤다이어그램 표현을 반드시 익혀놓도록 한다.

- $n(A \cap B)$: 교집합

- $n(A \cup B) = n(A) + n(B) - n(A \cap B)$: 합집합

- $n(A - B) = n(A) - n(A \cap B)$

03 다음 [그래프]는 2019~2020년 퇴직연금 인출사유별 중도인출 현황에 관한 자료이다. 주어진 자료와 [조건]을 이용하여 2021년 임차보증을 이유로 퇴직연금을 중도인출한 여성의 수를 고르면?

[그래프] 2019~2020년 퇴직연금 인출사유별 중도인출 현황 (단위: 명)

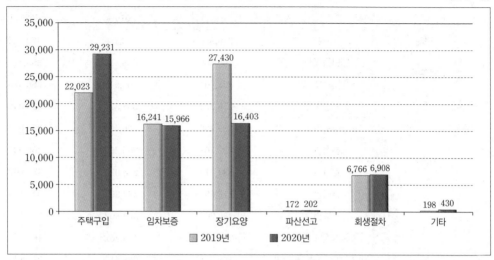

┤ 조건 ├
- 2019년 전체 퇴직연금을 중도인출한 사람 중 78%는 남성이다.
- 2019년 임차보증을 이유로 퇴직연금을 중도인출한 여성은 2019년 퇴직연금을 중도인출한 여성의 30%를 차지한다.
- 2020년 임차보증을 이유로 퇴직연금을 중도인출한 여성은 2020년 퇴직연금을 중도인출한 사람 전체의 7%를 차지한다.
- 2019년부터 2021년까지 임차보증을 이유로 퇴직연금을 중도인출한 여성 수는 매년 같은 수만큼 증가하였다.

① 4,806.78명
② 4,816.22명
③ 4,839.8명
④ 4,850.48명
⑤ 4,872.82명

난이도 ★★★☆☆

04 다음 [표]는 배달앱 이용자 1인당 연간 평균 이용 비용에 관한 자료이다. 주어진 자료를 바탕으로 작성한 그래프 중 옳지 <u>않은</u> 것을 고르면?

[표] 배달앱 이용자 1인당 연간 평균 이용 비용 (단위: 원)

구분		2018년	2019년	2020년
전체	소계	246,910	318,230	360,436
업종별	일반음식점	235,386	338,720	353,125
	일반음식점 외	255,401	301,943	366,326
지역별	서울권	256,370	338,524	370,048
	수도권	229,720	366,493	397,013
	충청권	232,762	280,250	460,393
	호남권	384,616	278,020	233,607
	경남권	118,683	283,893	311,116
	경북권	350,267	353,602	263,121
매출액규모별	5천만 원 미만	309,276	178,261	187,796
	5천만 원 이상 1억 원 미만	165,671	266,616	233,843
	1억 원 이상 5억 원 미만	249,841	313,141	382,626
	5억 원 이상	472,088	559,148	492,249
운영형태별	프랜차이즈	272,511	345,950	382,144
	비프랜차이즈	222,154	287,838	328,639

① 배달앱 이용자 1인당 연간 평균 이용 비용
(단위: 원)

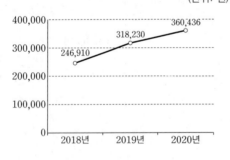

② 업종별 배달앱 이용자 1인당 연간 평균 이용 비용
(단위: 원)

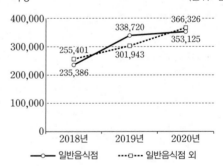

③ 2020년 서울 대비 지역별 배달앱 이용자 1인당 연간 평균 이용 비용의 비

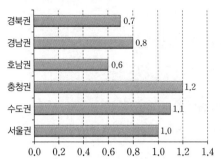

④ 2018년 대비 2020년 매출액규모별 배달앱 이용자 1인당 연간 평균 이용 비용 증가액 (단위: 원)

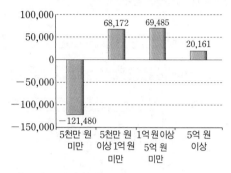

⑤ 운영형태별 배달앱 이용자 1인당 연간 평균 이용 비용의 전년 대비 증감액 (단위: 원)

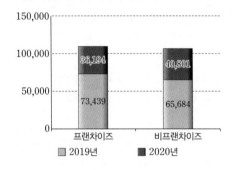

[05~06] 다음은 자생생물종 현황에 관한 자료이다. 이를 바탕으로 질문에 답하시오.

[그래프] 자생생물종 현황   (단위: 종)

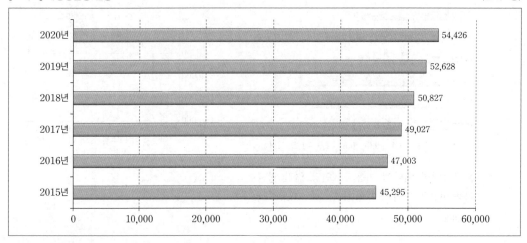

[표] 세부 종별 현황   (단위: 종)

구분	2015년	2016년	2017년	2018년	2019년	2020년
척추동물	1,961	1,971	1,984	1,995	2,009	2,027
곤충	16,447	16,993	17,593	18,158	18,638	19,250
무척추동물(곤충제외)	8,167	8,504	9,062	9,525	10,028	10,187
식물	5,349	5,379	5,443	5,477	5,517	5,557
(가)	4,686	4,840	5,056	5,226	5,421	5,615
(나)	1,591	1,750	1,890	1,984	2,018	2,259
(다)	5,725	5,857	5,920	6,013	6,158	6,303
(라)	1,369	1,709	2,079	2,449	2,839	3,228

05 주어진 자료에 대한 설명으로 옳지 <u>않은</u> 것을 [보기]에서 모두 고르면?

┌─┤ 보기 ├─
│ ㉠ 2015년 대비 2020년에 전체 자생생물종 중 곤충이 차지하는 비중은 증가했다.
│ ㉡ 2016~2020년 동안 무척추동물(곤충제외)의 전년 대비 증가량이 두 번째로 작은 해에는 전체 자생생물종의 전년 대비 증가율이 2019년보다 크다.
│ ㉢ 조사기간 동안 매년 식물은 척추동물의 2.5배 이상이다.
└─

① ㉠   ② ㉡   ③ ㉠, ㉡
④ ㉠, ㉢   ⑤ ㉡, ㉢

06 주어진 [표]의 (가)~(라)는 각각 원생생물, 원핵생물, 균류/지의류, 조류(Algae) 중 하나이다. [조건]을 바탕으로 (가)~(라)에 들어갈 것을 순서대로 바르게 짝지은 것을 고르면?

┌─┤ 조건 ├─
│ • 2015년에 원생생물은 원핵생물보다 많다.
│ • 2016~2020년 동안 전년 대비 조류의 증가량이 서로 동일한 해가 있다.
│ • 2016~2020년 원생생물의 전년 대비 증가량 평균은 150종 이하이다.
│ • 2017년 균류/지의류와 원핵생물의 전년 대비 증가율의 차이는 약 17%p이다.
└─

① 균류/지의류 − 원생생물 − 조류 − 원핵생물
② 균류/지의류 − 원생생물 − 원핵생물 − 조류
③ 조류 − 원핵생물 − 균류/지의류 − 원생생물
④ 원생생물 − 균류/지의류 − 원핵생물 − 조류
⑤ 원생생물 − 균류/지의류 − 조류 − 원핵생물

[07~08] 다음은 암 발생 및 사망 현황에 관한 자료이다. 이를 바탕으로 질문에 답하시오.

[표1] 암 사망자 수, 조사망률   (단위: 십 명, 명/십만 명)

구분		2014년	2015년	2016년	2017년	2018년	2019년
모든 암	사망자 수	7,662	7,685	7,818	7,887	7,916	8,120
	조사망률	151	150.7	152.9	153.9	154.3	158.2
위암	사망자 수	892	853	826	803	775	762
	조사망률	17.6	16.7	16.2	15.7	15.1	14.9
폐암	사망자 수	1,744	1,740	1,796	1,798	1,785	1,857
	조사망률	34.4	34.1	35.1	35.1	34.8	36.2
간암	사망자 수	1,157	1,131	1,100	1,072	1,061	1,059
	조사망률	22.8	22.2	21.5	20.9	20.7	20.6
대장암	사망자 수	840	838	843	877	879	897
	조사망률	16.5	16.4	16.5	17.1	17.1	17.5
유방암	사망자 수	227	235	247	252	247	264
	조사망률	4.5	4.6	4.8	4.9	4.8	5.1
자궁암	사망자 수	130	137	130	128	127	134
	조사망률	2.6	2.7	2.5	2.5	2.5	2.6
기타 암	사망자 수	2,672	2,751	2,876	2,957	3,042	3,147
	조사망률	52.6	54	56.3	57.7	59.3	61.3

[표2] 암 발생자 수, 조발생률   (단위: 십 명, 명/십만 명)

구분		2014년	2015년	2016년	2017년	2018년	2019년
모든 암	발생자 수	22,073	21,785	23,218	23,554	24,385	25,471
	조발생률	434.9	427.6	454.3	459.8	475.3	496.2
위암	발생자 수	3,018	2,943	3,074	3,004	2,928	2,949
	조발생률	59.4	57.8	60.1	58.6	57.1	57.4
폐암	발생자 수	2,447	2,469	2,619	2,739	2,863	2,996
	조발생률	48.2	48.4	51.2	53.5	55.8	58.4
간암	발생자 수	1,595	1,595	1,594	1,561	1,574	1,561
	조발생률	31.4	31.3	31.2	30.5	30.7	30.4
대장암	발생자 수	2,744	2,721	2,846	2,849	2,791	2,903
	조발생률	54.1	53.4	55.7	55.6	54.4	56.5
유방암	발생자 수	1,856	1,937	2,197	2,261	2,365	2,493
	조발생률	36.6	38	43	44.1	46.1	48.6
자궁암	발생자 수	359	365	361	351	350	327
	조발생률	7.1	7.2	7.1	6.9	6.8	6.4
기타 암	발생자 수	10,054	9,755	10,527	10,789	11,514	12,242
	조발생률	198.1	191.5	206	210.6	224.4	238.5

※ 조발생률(암발생률): 연간 발생자 수를 연앙인구로 나눈 수치를 100,000 분비로 나타낸 수치
※ 조사망률(암사망률): 연간 사망자 수를 연앙인구로 나눈 수치를 100,000 분비로 나타낸 수치

07 주어진 자료에 대한 설명으로 옳은 것을 [보기]에서 모두 고르면?

┤ 보기 ├

㉠ 2015~2019년 동안 모든 암에 대해, 사망자 수와 발생자 수의 전년 대비 증감 폭이 두 번째로 큰 해는 서로 일치한다.

㉡ 조사기간 동안 연평균 유방암 발생자 수는 218백 명 이상이다.

㉢ 2014년 대비 2019년에 모든 암 중 폐암 발생자 수가 차지하는 비중은 증가했다.

㉣ 2015~2019년 동안 기타 암의 조사망률 전년 대비 증감 폭이 세 번째로 큰 해에는 기타 암 조발생률이 위암 조발생률의 3.8배 이상이다.

① ㉠, ㉡　　　　　　② ㉡, ㉢　　　　　　③ ㉡, ㉣
④ ㉢, ㉣　　　　　　⑤ ㉡, ㉢, ㉣

난이도 ★★★☆☆

08 주어진 자료를 바탕으로 나타낸 그래프로 옳지 <u>않은</u> 것을 고르면?

① 2014년 모든 암 중 위암과 대장암의 조사망률이 차지하는 비중 (단위: %)

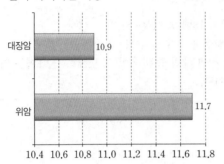

② 전년 대비 기타 암 발생자 수 증가 폭 추이 (단위: 십 명)

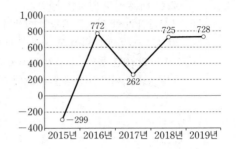

③ 전년 대비 2019년의 자궁암 사망자 수, 발생자 수 증가율 (단위: %)

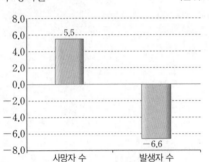

④ 폐암과 간암 사망자 수의 차이 (단위: 십 명)

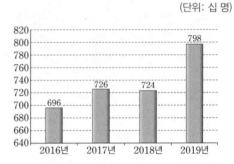

⑤ 유방암 조발생률의 전년 대비 증가 폭 추이 (단위: 명/십만 명)

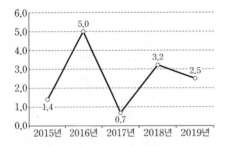

문제해결능력

2021년 하반기 한국남동발전 기출복원

난이도 ★★★☆☆

01 다음 [보기]의 명제가 모두 참일 때, 항상 옳은 명제를 고르면?

┤ 보기 ├
- 모든 선비는 서울로 간다.
- 서울로 가는 모든 사람은 냉면과 차돌짬뽕 중 하나를 좋아한다.

① 냉면을 좋아하는 사람은 모두 선비이다.
② 냉면을 좋아하지 않는 사람은 모두 선비가 아니다.
③ 차돌짬뽕을 좋아하는 선비는 모두 냉면을 좋아한다.
④ 차돌짬뽕을 좋아하지 않는 선비는 모두 냉면을 좋아한다.

난이도 ★★★☆☆　　　　　　　　　　　　　　　　2021년 하반기 한국남동발전 기출복원

02 9명의 직원 A~I는 일정한 규칙에 따라 회의에 참석한다. 다음에 주어진 [조건]을 바탕으로 항상 옳은 것을 고르면?

┤ 조건 ├

㉠ A가 참석하면 B는 참석하지 않는다.
㉡ B가 참석하면 I도 참석한다.
㉢ D가 참석하면 C도 참석한다.
㉣ E가 참석하면 A는 참석하지 않는다.
㉤ F가 참석하면 B도 참석한다.
㉥ E가 참석하면 H는 참석하지 않는다.
㉦ B가 참석하지 않으면 D는 참석한다.
㉧ I가 참석하지 않으면 G는 참석한다.

① A가 참석하면 H도 참석한다.
② F가 참석하면 C는 참석하지 않는다.
③ D가 참석하지 않으면 I도 참석하지 않는다.
④ C가 참석하지 않으면 A도 참석하지 않는다.

03 12명의 직원들이 2층짜리 숙소에 숙박하려고 한다. 다음에 주어진 [조건]을 바탕으로 반드시 옳은 것을 고르면?

┌─┤ 조건 ├─

• 숙소의 구조는 다음과 같다.

201호	202호	203호	204호
101호	102호	103호	104호

• 과장, 대리, 사원이 직급별로 각각 4명씩 있고, 각 직원들의 성은 김, 이, 박, 최 중 하나이다.
• 직급이 같은 경우 성이 다르다.
• 직급이나 성이 같은 경우에는 같은 방에서 숙박하지 않는다.
• 김 과장, 최 과장, 김 대리, 이 대리, 이 사원, 박 사원은 2층에, 나머지는 1층에 숙박한다.
• 과장은 모두 혼자서 숙박하며, 대리와 사원은 모두 2명씩 숙박한다.
• 김 대리는 201호에 숙박하고, 이 과장의 양 옆방에는 최 씨 성을 가진 직원이 숙박한다.
• 박 과장 숙소 바로 위층에는 박 씨 성을 가진 직원이 숙박한다.

① 박 대리는 최 사원과 같은 방에 숙박한다.
② 이 과장의 바로 위층에는 김 씨 성을 가진 직원이 숙박한다.
③ 김 사원의 바로 위층에는 최 씨 성을 가진 직원이 숙박하지 않는다.
④ 2층에 숙박하는 모든 과장의 바로 아래층에는 과장이 숙박하지 않는다.

난이도 ★★★★☆

04 중앙회 소속 직원 김 대리는 하루 동안 지역은행 5곳을 방문하여 예산을 점검해야 한다. 담당 지역에 있는 은행 간의 거리가 아래와 같고, 중앙회인 본부를 시작으로 지역은행인 A~E은행 5곳을 모두 방문한다고 할 때, 본부에서부터 마지막 방문 은행까지의 이동 거리의 합이 가장 짧은 경우의 최단 거리와 업무를 다 마치기까지 걸리는 최소 시간을 바르게 짝지은 것을 고르면?(단, 1km를 이동하는 데 1분이 걸린다고 가정하며, 은행별 예산 점검 업무에 소요되는 시간은 1시간이다.)

[표] 중앙회–지역은행 간 거리 (단위: km)

구분	본부	A은행	B은행	C은행	D은행	E은행
본부	–	15	10	20	7	13
A은행	15	–	11	25	9	14
B은행	10	11	–	19	17	16
C은행	20	25	19	–	8	18
D은행	7	9	17	8	–	21
E은행	13	14	16	18	21	–

	최단 거리	최소 시간
①	55km	5시간 55분
②	56km	5시간 56분
③	58km	5시간 58분
④	59km	5시간 59분
⑤	68km	6시간 8분

05 다음 [표]는 주택용 전력(저압) 전기요금표를 나타낸 것이다. 이를 바탕으로 8월과 9월에 각각 300kWh의 전력을 사용하였을 때 기본요금＋전력량요금의 차이를 고르면?

[표] 주택용 전력(저압) 전기요금표

하계(7~8월)			기타계절(1~6월, 9~12월)		
구간	기본요금 (원/호)	전력량요금 (원/kWh)	구간	기본요금 (원/호)	전력량요금 (원/kWh)
300kWh 이하	910	88.3	200kWh 이하	910	88.3
300kWh 초과 450kWh 이하	1,600	182.9	200kWh 초과 400kWh 이하	1,600	182.9
450kWh 초과	7,300	275.6	400kWh 초과	7,300	275.6

※ 전력량요금은 구간별 누진제를 적용함.

예 500kWh 사용 시 하계 전력량 요금＝$300 \times 88.3 + 150 \times 182.9 + 50 \times 275.6$

① 9,950원 ② 10,050원
③ 10,150원 ④ 10,250원

[06~07] 서 대리는 퇴근 후 취미 활동으로 요가, 댄스 스포츠, 요리, 캘리그래피, 코딩 중 하나의 수업을 들으려 한다. 다음 [표]와 [조건]을 바탕으로 질문에 답하시오.

[표1] 취미 활동별 정보

구분	가격(1달)	난도	수업 만족도	교육 효과	소요 시간(1주)
요가	100만 원	보통	보통	높음	2시간
댄스 스포츠	90만 원	낮음	보통	낮음	2시간
요리	125만 원	보통	매우 높음	보통	2시간 30분
캘리그래피	125만 원	높음	보통	낮음	2시간
코딩	110만 원	매우 높음	높음	높음	3시간

[표2] 순위-점수 환산표

순위	1위	2위	3위	4위	5위
점수	5점	4점	3점	2점	1점

┤ 조건 ├

- 순위 – 점수 환산표를 토대로 가격, 난도, 수업 만족도, 교육 효과, 소요 시간 5가지 평가 항목에 대한 순위를 점수로 환산한 후, 합산 점수가 가장 높은 취미 활동의 수업을 듣는다.
- 가격과 난도는 낮을수록, 수업 만족도와 교육 효과는 높을수록, 소요 시간은 짧을수록 순위가 높다.
- 순위가 동일하면 모두 같은 순위로 인정하고, 다음 순위는 그만큼 생략한다. 예를 들어 1위가 3개이면, 그다음 순위는 4위이다.
- 합산 점수가 같으면 소요 시간 점수가 더 높은 취미 활동의 수업을 듣는다.

난이도 ★★★☆☆

06 주어진 자료를 바탕으로 서 대리가 선택할 수업을 고르면?

① 요가　　　　　　② 댄스 스포츠　　　　　③ 요리
④ 캘리그래피　　　⑤ 코딩

07 서 대리는 이번 달부터 일부 항목의 정보가 다음 [표]와 같이 변경되었다는 것을 알게 되었다. 이를 바탕으로 서 대리가 선택할 수업을 고르면?

[표] 취미 활동별 변경 정보

구분	요가	댄스 스포츠	요리	캘리그래피	코딩
가격(1달)	110만 원	100만 원	125만 원	135만 원	110만 원
소요 시간(1주)	3시간	2시간 30분	2시간	2시간 30분	3시간

① 요가　　　　　　　　② 댄스 스포츠　　　　　③ 요리
④ 캘리그래피　　　　　⑤ 코딩

[자원관리능력] 난이도 ★★★★☆   2021년 하반기 한국남동발전 기출복원

01 다음 [그림]은 A에서 출발하여 B로 가는 경로를 표시한 것이다. 경로의 중간에는 주유소 P, Q, R이 있다. A에서 B로 가는 동안 세 주유소 중 하나 이상을 반드시 들러야 할 때, 최단 거리로 이동하는 경로의 수를 고르면?

[그림] A에서 출발하여 B로 가는 경로

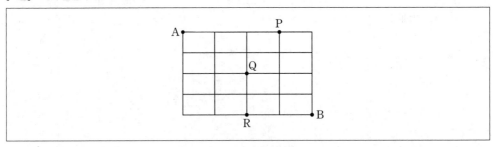

① 42가지   ② 48가지

③ 50가지   ④ 56가지

📊 **단계별 접근방법**

1. 먼저 P, Q, R 각각의 지점에 들러서 최단거리로 이동하는 경우의 수를 구한다.

2. P, Q, R 중 두 지점을 모두 들러서 최단 거리로 이동하는 경우의 수를 구한다.

3. P, Q, R 세 지점을 모두 들러서 최단 거리로 이동하는 경우의 수를 구한다.

4. 1.의 경우의 수에서 2.와 3.의 경우의 수를 뺀다.

02 다음은 재무팀의 3월 스케줄에 대한 내용이다. 3월 중 [조건]을 만족하는 사람끼리 출장을 나가야 할 때, 출장을 다녀오는 직원들끼리 짝지어진 것을 고르면?

[표] 재무팀의 3월 스케줄

유 부장	금요일마다 회의 참석
박 차장	수요일마다 업체 미팅
정 과장	월요일마다 출장
송 대리	14~16일 연차
성 주임	매월 말일 재고 실사
김 사원	2~4일 연차
권 인턴	22~24일 교육

┤ 조건 ├
- 3월 18일은 금요일이다.
- 출장은 3~8일 동안이다.
- 해당 기간 동안 아무런 스케줄이 없어야만 출장이 가능하다.
- 출장은 과장급 이상 1명과 그보다 직급이 낮은 직원 1명, 총 2명이 나가야 한다.
- 과장급 미만 직급 중에서 여러 명이 출장을 나갈 수 있을 경우, 직급이 낮은 사람이 출장을 나간다.
- 인턴은 출장을 나갈 수 없다.

① 유 부장, 송 대리
② 박 차장, 송 대리
③ 박 차장, 성 주임
④ 송 대리, 성 주임

[자원관리능력] 난이도 ★★★★☆   2020년 하반기 한국남동발전 기출복원

03 A씨는 아내, 아들과 함께 간편 짬뽕 요리를 만들어 먹으려고 한다. 간편 짬뽕 요리에 필요한 재료와 현재 냉장고에 있는 재료는 [보기]와 같고, 각 재료들의 가격은 [표]와 같다. A씨가 [조건]에 따라 구매해야 하는 식재료의 총비용을 고르면?

┤ 보기 ├

- 간편 짬뽕 요리 필요 재료(성인 1인분 기준): 면 200g, 오징어 60g, 돼지고기 100g, 새우 40g, 양파 60g, 고추기름 20g, 청양고추 10g, 건고추 8g, 대파 10g, 마늘 10g
- 냉장고에 있는 재료: 면 800g, 오징어 240g, 돼지고기 500g, 양파 100g, 고추기름 100g, 청양고추 15g, 대파 20g, 마늘 5g

┤ 조건 ├

- A씨와 아내는 각각 성인 1인분, 아들은 성인 0.5인분을 먹는다.
- 매운 음식을 잘 먹지 못하는 아내를 고려하여 '고추'라는 단어가 들어간 재료는 모두 절반만 넣는다.
- 아들은 성인 1인분의 새우를 먹는다.
- 냉장고에 있는 재료가 필요한 재료보다 부족하면 부족분만큼 각 재료를 구매한다. 단, 각 필요 재료의 절반 이상만이라도 냉장고에 있다면 그 재료는 구매하지 않는다.

[표] 재료별 가격   (단위: 원/g)

재료	가격	재료	가격
면	10	오징어	50
돼지고기	35	새우	100
양파	10	고추기름	50
청양고추	30	건고추	20
대파	5	마늘	7

① 10,340원   ② 12,340원   ③ 12,840원
④ 12,865원   ⑤ 13,365원

04 다음 [표]는 서울역 회의실 사용료를 나타낸 것이다. 주어진 자료와 [조건] 속 상사의 지시를 바탕으로 예약을 했을 때의 회의실 사용료를 고르면?

[표] 서울역 회의실 사용료   (단위: 원)

회의실명	사용가능 최대인원	기본임대료		추가임대료	
		기본시간	임대료	추가시간	임대료
대회의실	100명	2시간	360,000	1시간당	180,000
KTX 별실	36명	2시간	400,000	1시간당	200,000
KTX 2	21명	2시간	136,000	1시간당	44,000
KTX 3	10명	2시간	74,000	1시간당	37,000
KTX 6	16명	2시간	110,000	1시간당	55,000
KTX 7	8명	2시간	62,000	1시간당	31,000

┤ 조건 ├

　이번에 15명이 회의를 할 일이 생겼는데, 사내에는 넓은 회의실이 없으니 근처 서울역의 회의실을 빌려야겠어. 회의는 4시간 정도 진행할 것 같은데, 혹시 모르니 여유롭게 1시간 더 예약하도록 하고, 가능한 한 저렴한 회의실을 잡도록 하게.

① 185,000원　　　　　　　　　　② 220,000원

③ 224,000원　　　　　　　　　　④ 268,000원

05 MS Excel을 활용하여 다음과 같은 표를 작성하였다. 거래처별 품목의 거래금액을 계산하지 않은 채로 E10 셀에 합계 금액을 산출하고자 할 경우, E10 셀에 입력해야 할 함수식으로 옳은 것을 고르면?

	A	B	C	D	E
1	거래처	품목	단가(원)	수량	거래금액(원)
2	A상사	케이블	5,000	4	
3	B상사	볼트	3,500	3	
4	C상사	너트	2,500	4	
5	D상사	니퍼	1,000	3	
6	A상사	드라이버	5,000	6	
7	B상사	케이블	4,500	10	
8	C상사	볼트	4,000	5	
9	D상사	너트	3,000	5	
10	합계	−	−	40	

① =SUBTOTAL(C1:C9,D1:D9,3,4)

② =SUBTOTAL(C2:C9,D2:D9)

③ =SUMPRODUCT(C2:C9,2,D2:D9)

④ =SUMPRODUCT(C1:C9,D1:D9,3,4)

⑤ =SUMPRODUCT(C2:C9,D2:D9)

[기술능력] 난이도 ★★★☆☆

06 다음은 에어컨 실외기 설치 시의 주의사항이다. 이를 바탕으로 에어컨을 설치할 때 고려해야 할 점으로 적절하지 <u>않은</u> 것을 고르면?

- 실외기 토출구에서 발생되는 뜨거운 바람 및 실외기 소음이 이웃에 영향을 미치지 않는 장소에 설치하세요.(주거지역에 설치 시, 운전 시간대에 유의하여 주세요.)
- 실외기를 도로상에 설치 시, 2M 이상의 높이에 설치하거나, 토출되는 열기가 보행자에게 직접 닿지 않도록 설치하세요.(건축물의 설비 기준 등에 관한 규칙으로 꼭 지켜야 하는 사항입니다.)
- 보수 및 점검을 위한 서비스 공간이 충분히 확보되는 장소에 설치하세요.
- 공기 순환이 잘 되는 곳에 설치하세요.(공기가 순환되지 않으면, 안전장치가 작동하여 정상적인 운전이 되지 않을 수 있습니다.)
- 직사광선 또는 직접 열원으로부터 복사열을 받지 않는 곳에 설치하여야 운전비가 절약됩니다.
- 실외기의 중량과 운전 시 발생되는 진동을 충분히 견딜 수 있는 장소에 설치하세요.(진동 강도가 강할 경우, 실외기가 넘어져 사고의 위험이 있습니다.)
- 빗물이 새거나 고일 우려가 없는 평평한 장소에 설치하세요.
- 황산화물, 암모니아, 유황가스 등과 같은 부식성 가스가 존재하는 곳에 실내기 및 실외기를 설치하지 마세요.
- 해안지역과 같이 염분이 다량 함유된 지역에 설치 시, 부식의 우려가 있으므로 특별한 유지관리가 필요합니다.
- 히트펌프의 경우, 실외기에서도 드레인이 발생되므로 배수 처리 및 설치되는 바닥의 방수가 용이한 곳에 설치하세요.(배수가 용이하지 않을 경우, 물이 얼어 낙하 사고가 일어날 수 있고 제품이 파손될 수 있으므로 각별한 주의가 필요합니다.)
- 강풍이 불지 않는 장소에 설치하세요.
- 실내기와 실외기의 냉매 배관 허용 길이 내에 배관 접속이 가능한 장소에 설치하세요.

---

① 실외기를 제품 포장 시 사용된 목재 팔레트 위에 설치하지 말고 방진지지대를 사용해야 한다.
② 실외기와 기초지반 사이에 방진패드를 사용하는 것이 좋다.
③ 실외기는 주변에 충분한 공간이 확보된 곳에 설치되어야 한다.
④ 여러 대의 실외기가 설치될 경우, 토출구가 마주볼 수 있도록 설치해야 한다.
⑤ 기초지반과 실외기의 고정을 위해 앵커볼트를 사용하는 것이 좋다.

07 다음 설명을 참고할 때, [보기]의 두 사례에서 알 수 있는 경영전략이 바르게 짝지어진 것을 고르면?

> 조직의 경영전략은 경영자의 경영이념이나 조직의 특성에 따라 다양하다. 이 중 대표적인 경영전략으로 마이클 포터(Michael E. Porter)의 본원적 경쟁전략이 있다. 본원적 경쟁전략은 해당 사업에서 경쟁우위를 확보하기 위한 전략으로 원가우위 전략, 차별화 전략, 집중화 전략으로 구분된다.
> 원가우위 전략은 원가절감을 통해 해당 산업에서 우위를 점하는 전략으로, 이를 위해서는 대량생산을 통해 단위 원가를 낮추거나 새로운 생산기술을 개발할 필요가 있다. 차별화 전략은 조직이 생산품이나 서비스를 차별화하여 고객에게 가치가 있고 독특하게 인식되도록 하는 전략이다. 집중화 전략은 특정 시장이나 고객에게 한정된 전략으로, 원가우위나 차별화 전략이 산업 전체를 대상으로 하는 것과 달리 특정 산업을 대상으로 한다. 즉 경쟁조직들이 소홀히 하고 있는 한정된 시장을 원가우위나 차별화전략을 써서 집중 공략하는 방법이다.

┤ 보기 ├

사례1. B백화점은 업계의 심화된 경쟁을 극복하기 위해 머신러닝을 활용한 지능형 상품 정보 갱신 특허를 출원하고, 인기 제품을 분석해 찾아주는 AI 솔루션, 제품 원산지 확인 솔루션, 당일 배송 시스템, 최저가 비교 서비스를 도입하고, 고객에게 최적화된 상품을 찾아주는 '퍼스널 쇼퍼' 기능까지 탑재했다. 가장 편하게 고객이 쇼핑할 수 있도록 B백화점만의 독특한 경영전략을 전면에 내세운 것이다.

사례2. 미국의 S항공사는 규모가 작은 항공사였지만 항공업계에서 살아남았을 뿐 아니라 큰 성공을 거둔 기업으로 꼽힌다. 거대 기업과 정면 승부를 하는 대신 단거리 노선만을 효과적으로 공략하여 성공했기 때문이다. 단거리 노선만을 타깃으로 하다 보니 원가도 절감하는 효과를 얻을 수 있었다.

	사례1	사례2
①	차별화 전략	원가우위 전략
②	차별화 전략	집중화 전략
③	원가우위 전략	집중화 전략
④	집중화 전략	원가우위 전략
⑤	집중화 전략	차별화 전략

[직업윤리] 난이도 ★★★☆☆

08 다음 설명을 참고할 때, 기업의 사회적 책임에 해당하는 사례로 적절하지 <u>않은</u> 것을 고르면?

> 최근 기업도 단순히 이윤 추구를 하는 집단의 형태를 벗어나 자신들이 벌어들인 이익의 일부분을 사회로 환원하는 개념인 '기업의 사회적 책임(Corporate Social Responsibility; CSR)'을 강조하는 형태로 변화하고 있다.
> 우리나라 기업들은 광범위한 사회문제 영역에서 비판적 여론과 사회적 저항에 직면하고 있다. 이는 많은 기업인들이 그동안 이윤 추구를 명분으로 정상적인 경영활동의 범위를 벗어나 부도덕한 행위를 되풀이했기 때문이다. 이러한 기업의 행위들은 사회에 많은 영향을 끼쳐 사회 전체의 윤리적 문제로 이어질 수 있다.

① A 엔터테인먼트는 올해 7회째를 맞아 유명 뮤지션들이 출연하는 음악 꿈나무들을 위한 축제 '스마일 뮤직 페스티벌'을 코로나19 상황을 고려해 무관중으로 진행하였다.

② B 식품 회사는 정부가 2005년부터 진행하는 아동문화정서지원 사업에 참여하여 저소득가정 아동에게 클래식 악기와 음악 교육을 무상 지원하였다.

③ C 통신업체는 아프리카에 보급하는 휴대전화 모바일 송금서비스를 기본으로 탑재하여 은행 네트워크 인프라가 취약하여 불편을 겪는 소비자들에게 편리하게 휴대전화로 송금을 할 수 있도록 편의를 제공하였다.

④ D 제약 회사는 17년간 이어 온 사회공헌활동 '희망샘 프로젝트'의 일환으로 3D와 가상공간을 주제로 암 환우 자녀에 교육 및 체험 기회를 선사하는 '희망샘 메타버스' 행사를 개최하였다.

⑤ E사는 유지·보수·운영 전문 업체를 통해 자재 구매대행 서비스로 발생하는 수익금을 재원으로 고객사와 함께 탄소저감 및 지역사회 환경개선 등 ESG 활동을 벌이는 '좋은 친구' 프로그램을 운영하고 있다.

📚 NCS 빈출개념   CSR과 CSV의 차이점

구분	CSR(기업의 사회적 책임)	CSV(공유가치경영)
가치	선행	투입비용 대비 높은 사회 경제적 가치
활동	시민의식을 전제로 한 자선활동	기업과 공동체 모두를 위한 가치창출
인식	이윤 극대화와 관계없는 활동으로, 손실이 발생하는 순간 올스톱	이윤 극대화를 위한 필수 요소로, 이익 또는 손실에 관계없이 지속적 진행
예산	기업의 CSR 예산에 한정	기업 전체 예산에 CSV 반영
담당 조직	수직적 조직 구조 (기존 조직과 병렬적인 별도의 조직)	수평적 조직 구조 (별도의 조직이 따로 없는 모든 조직)
진정성	사회적 물의를 일으킨 회사의 경우 냉소적 입장이 되기도 함	사회의 긍정적 평가 (사회가치 창출이 고유 사업에 반영)
개념	기업활동에 의해 영향을 받거나 영향을 주는 직·간접적 이해관계자들에 대하여 발생 가능한 제반 이슈들에 대한 법적, 경제적, 윤리적 책임을 감당할 뿐 아니라, 기업의 리스크를 줄이고 기회를 포착하여 중장기적 기업가치를 제고할 수 있도록 추진하는 일련의 "이해관계자 기반 경영활동"	기업이 수익 창출 이후에 사회 공헌 활동을 하는 것이 아니라 기업 활동 자체가 사회적 가치를 창출하면서 동시에 경제적 수익을 추구할 수 있는 방향으로 이루어지는 행위를 말하며, 기업의 경쟁력과 주변 공동체의 번영이 상호 의존적이라는 인식에 기반을 두고 있음

Ⅱ NCS 실전모의고사

한국철도공사(코레일) 필기시험 문항에 가장 최적화된 PSAT 유형의 문항으로 출제하였습니다.

영역	문항 수	시간	비고
의사소통능력 수리능력 문제해결능력	25문항	30분	객관식 오지선다형 영역분리형

OMR 카드 형태는 월간NCS 마지막 장에 수록되어 있습니다. 절취하여 실전처럼 연습할 수 있습니다. 해당 QR 접속 시 바로 모바일 정답 채점 및 성적 분석이 가능합니다.

▼ 모바일 OMR 바로가기(2022. 12. 31.까지 유효)

1회
http://eduwill.kr/cXnV

2회
http://eduwill.kr/leXV

모바일 OMR 채점 서비스

정답만 입력하면
채점에서 성적분석까지 한번에 쫙!

☑ [QR 코드 인식 ▶ 모바일 OMR]에 정답 입력

☑ 실시간 정답 및 영역별 백분율 점수 위치 확인

☑ 취약 영역 및 유형 심층 분석

01 다음 글을 읽고 밑줄 친 부분이 어법상 옳지 <u>않은</u> 것을 고르면?

> 용언이 활용할 때 일정한 규칙으로 설명할 수 있는 경우를 '규칙 활용'이라 하고, 기본 형태가 유지되지 않을 뿐더러 그 현상을 일정한 규칙으로 설명할 수 없는 경우를 '불규칙 활용'이라고 한다. 예를 들어 '얻다'의 경우 '얻고, 얻으니, 얻어'와 같이 규칙적으로 활용한다. 그러나 '이르다'의 경우는 다르다. '이르다'는 일반적으로 '이르고, 이르니, 이르며'와 같이 규칙 활용을 하지만, 특정 어미 '―어'가 올 때는 '이르어'로 활용하지 않고 '이르러'로 활용한다. 즉 '어'가 '러'로 변하는 불규칙 활용을 하는 것이다.

① 반찬을 <u>퍼서</u> 그릇에 담아라.
② 어머니께서 햅쌀로 밥을 <u>지어</u> 주셨다.
③ 물이 댐에서 <u>흘러</u> 넘쳐 홍수가 나겠다.
④ 나뭇잎이 <u>누르러</u> 보이니 이제 겨울도 머지않다.
⑤ 그는 길에 떨어진 지갑을 <u>줏어</u> 주인을 찾아 주었다.

코로나19(COVID−19)로 인터넷쇼핑 시장이 급속도로 성장하면서 자동화 물류시스템도 고도화되고 있지만 일부 작업은 여전히 사람의 손길을 거쳐야 한다. 특히 주문 상품을 분류해 상자에 넣는 과정에서 이런 '휴먼에러'가 종종 발생한다. 이를 극복하기 위해 배송 물품 분류 선반 위에 AI(인공지능)와 IoT(사물인터넷)가 적용된 카메라를 장착해 주문서대로 상품이 정확하게 분류·포장됐는지를 확인하는 기술이 개발되었다.

이 기술은 다양한 분야에서 활용되고 있다. 우선 기존 공장 노후화·공정 장비 오류 등을 감지하는 '스마트팩토리 플랫폼' 시장에서 활용된다. 공장에 설치한 AIoT 기반 CCTV를 통해 기기 가동 현황, 전력선 및 배전반 모니터링, 부품 파손·교체 여부 등을 확인할 수 있다. 하자 부위는 원거리 열감지로 온도 상승이 감지돼 발전기 등 거대 공장 결함을 조기에 발견할 수 있다.

고병원성 조류인플루엔자와 같은 가축 전염병 확산을 막기 위한 '축산 농가 입출입 차량 정보 인식·관제 플랫폼'도 있다. 만약 사료배송차가 다녀간 축산농가에서 아프리카돼지열병(ASF)이 발생하면, 다른 지역 축산농가에선 해당 배송차의 차량 번호를 인식, 자동 차단하게 된다. '통신 기지국 예지보전 시스템'도 있는데, 전국의 산이나 고속도로에 설치돼 있는 통신 기지국은 작업자가 일일이 찾아가 유지·보수하기 어렵다. 이런 시설이 4,000여 곳 정도 된다. 이를 AIoT 기반 CCTV로 24시간 촬영하며 관리하는 것이다.

이 같은 성과를 통해 해당 기업은 올해 과학기술정보통신부와 연구개발특구진흥재단이 지정한 'K−선도 연구소기업'에 뽑혔다. 이는 정부가 기술 고도화를 지원해 코스닥에 상장시켜 기술특화형 글로벌 강소기업으로 육성하는 사업이다. 연구소기업은 대학 및 과학기술 분야 출연연이 보유한 기술의 직접 사업화를 위해 자본금의 10% 이상을 출자해 특구 안에 설립한 기업을 말한다.

① 주문 상품을 분류하는 과정에서 휴먼에러는 앞으로 발생하지 않겠군.
② 카메라를 장착하고 나서 발생하는 결함을 발견하기 위한 추가적인 기술이 요구되겠군.
③ 기술을 특화할 수 있는 정부의 지원에 의해 기술이 고도화되고 다양한 분야로 확대되겠군.
④ 축산농가에 사료배송차가 다녀가는 과정에서 전염병 확산을 막는 기술의 진보가 필요하겠군.
⑤ 자동화 물류시스템의 고도화에도 불구하고 사람이 최종적으로 조정해야 하는 분야가 늘어나겠군.

최근 농지 위에 버섯재배사가 아닌 농업용 창고를 짓고 해당 건축물을 태양광 발전시설로만 악용하는 사례가 늘고 있다. 농업용 창고는 축사나 버섯재배사, 곤충사육사 등의 '농업용 시설'이 아니다. (㉠) 농업용 창고는 농림축산식품부가 산업통상자원부 및 지방자치단체 · 한국에너지관리공단 등과 실시하는 농업용 시설에 대한 태양광 시설 설치현황 전수조사의 대상에 포함되지 않는다.

농식품부는 태양광 시설을 설치하기 위해 버섯재배사나 곤충사육사 등으로 위장한 건축물에 태양광 시설을 설치하는 편법 사례가 늘자 해당 농업용 시설을 집중 점검해 농업경영 용도로 사용하지 않을 경우 농지 처분, 원상회복 명령, 고발 및 재생에너지공급인증서(REC) 발급 중단 등의 조치를 취하겠다고 발표한 바 있다. (㉡) 농업용 창고 위 태양광 발전시설에 대한 전수조사는 하고 있지 않다.

이와 관련해 일부 농가 지역에는 벽면 구조물 없이 기둥과 경사진 지붕으로만 이뤄진 농업용 창고가 준공을 앞두고 있다. 지역주민에 따르면 해당 창고 주인은 원래 버섯재배사를 지어 태양광을 설치하려 했으나 해당 관청 관리계획 조례에 따라 버섯재배사 등의 농업용 시설은 5년 이상 본래 목적에 맞게 사용해야 태양광 발전을 할 수 있으므로 개발행위허가 심의가 진행되는 도중에 용도를 농업용 창고로 변경한 것으로 파악된다.

해당 지역 이장은 "누가 저걸 농업용 창고로 보겠나. 그냥 태양광 패널 깔 목적으로 시멘트 붓고 기둥이랑 지붕 만들어 놓은 것밖에 안 된다"라며 "비 오면 옆으로 비가 다 들이칠 텐데 저기에 어떻게 곡식이며 비료 등을 보관하겠다는 건지 이해할 수가 없다. 저런 창고를 생전 처음 보는데 관청에 민원을 넣었더니 관계자가 와서 보고는 '농업용 창고로 쓰면 농업용 창고가 맞다'는 식으로 얘길했다"라고 지적했다.

한편 해당 지역 관청에서는 농업용 창고가 목적대로 이용되는지 철저히 확인하겠다는 방침이나, 그 판단 기준이 법 · 제도상에 명시돼 있지 않고 사실상 지자체 재량에 달려 있는 까닭에 논란은 쉽게 수그러들기 어려울 것으로 전망된다. (㉢) 농민들은 당초 농지전용이나 개발행위허가 등의 절차를 보다 강화해야 한다고 주장하고 있다.

	㉠	㉡	㉢
①	그래서	그러나	하지만
②	그래서	하지만	따라서
③	그리고	하지만	그러나
④	따라서	그래서	하지만
⑤	하지만	따라서	그래서

04 다음 글의 내용으로 적절하지 <u>않은</u> 것을 고르면?

일자리가 늘어나지 않고 고용이 부진하면 금리를 내려서 경기를 살리려고 하는 것이 일반적이다. 그러나 요즘 미국에서는 고용지표가 부진해도 금리를 더 올려야 한다는 논리가 힘을 받고 있다. 이례적인 현상이다. 이 같은 현상은 미국의 부진한 고용이 경기 침체 때문이라기보다 코로나19 감염자 증가로 노동을 공급하는 근로자들의 숫자가 감소했기 때문에 나타난 것이다. 미국의 12월 고용지표는 새 일자리가 한 달 전에 비해 19만 9천 개가 늘어나는 데 그쳐서 시장 예상치인 42만 2천 개에 크게 못 미쳤다. 그럼에도 불구하고 일자리를 찾는 사람들의 비율인 실업률은 2.9%로 예상치인 4.1%보다 낮았다.

일자리는 늘지 않는데 실업률은 낮다는 것은 구직자들은 일자리를 쉽게 찾고 있지만 구직자들 자체가 적다는 것을 의미한다. 이 경우 임금이 올라가기 마련인데 아나나 다를까 전월 대비 시간당 임금 상승률은 10월 0.6%, 11월 0.4%였는데 12월에는 0.6%로 높아졌다. 이러한 현상들을 한 문장으로 요약하면 '감염된 사람들은 일터로 나오지 못하니 임금이 올라가고 물가도 올라간다'이다. 즉 물가가 올라가니 중앙은행은 금리를 올려야 한다고 주장하는 것이다.

코로나19 상황의 악화는 이러한 분위기가 좀 더 이어질 것으로 예상하는 근거가 된다. 미국의 코로나19 신규 확진자는 12월 말부터 폭증해서 60만 명을 넘었다. 하루 60만 명의 확진자가 한 달 내내 발생한다면 1,800만 명이 감염되는 셈이다. 미국 경제활동 인구 10명 중 1명이 감염된다는 뜻이니 근로자 구하기는 더 어려워진다. 임금은 더 오를 테고 물가는 상승된 임금으로 인해 오르기도 하고 상품 생산의 부진으로 인해 오르기도 할 것이다.

어떤 이유로든 물가가 오르면 사람들의 마음속에서 형성되는 기대인플레이션율도 오르게 된다. 물가는 보통 이 정도는 오르기 마련이라는 생각이 확산되면 실제로 물가를 올리고 인건비를 지속적으로 인상시키는 요인이 된다. 미국 연준이 금리 인상을 통해 막으려는 것은 그 기대인플레이션이다. 연준 인사들의 발언 강도가 계속 높아지면서 시장이 긴장하는 이유도 그런 엄포를 통하든 무엇을 동원하든 연준이 물가를 잡을 것이라는 기대를 사람들의 마음속에 심어줘야 하기 때문이다.

① 미국은 지금 임금과 물가가 동시에 상승하고 있다.
② 미국은 코로나19 상황의 악화로 구인난을 겪고 있다.
③ 미국의 중앙은행에서 가장 염려하는 것은 기대인플레이션이다.
④ 미국은 일자리는 예상보다 많이 늘어나고 실업률은 감소하고 있는 상황이다.
⑤ 미국의 물가가 오르는 이유는 상승된 임금과 상품 생산의 부진에서 비롯된다.

코즈는 신고전파 경제학을 '선택의 렌즈'로, 거래비용의 존재를 기반으로 분석하는 경제학을 '계약의 렌즈'로 구별하였다. 이때 계약은 즉석거래로 인해 발생하는 위험을 제거하기 위해 거래 당사자들이 서로 신뢰 가능한 수단을 의미한다. 거래비용의 관점에서 볼 때 시장실패는 즉석거래 또는 계약을 통해 거래가 불가능할 만큼 거래비용이 높아서 시장의 자율적인 거래가 형성되지 못하는 현상을 의미한다. 즉 시장실패를 구조적으로 고착화된 문제가 아니라 거래비용을 해소하는 수단의 경제성 여부에 따라 변화하는 것으로 보고 있다.

거래비용의 존재를 중시하는 관점에서 기업 조직과 정부 조직은 모두 거래비용을 절감하는 수단이다. 거래비용은 제도적 절차에 따라 좌우되는데, 두 조직은 모두 거래비용을 절감하는 제도적 절차로 이해될 수 있다는 것이다. 그런데 국민경제에서 필요로 하는 재화와 서비스를 어느 부분에서 생산할 것인가에 대해서는 자유주의적 견해와 공익적 견해가 서로 대립하고 있다. 자유주의적 견해에서는 가장 기본적인 정부 인프라를 제외한 모든 영역을 시장의 힘으로 효율성을 달성해야 한다고 주장한다. 공익적 견해에서는 공공을 위한 재화와 서비스는 모두 정부 조직의 강제력을 통해 제공되어야 한다고 주장한다. 거래비용의 관점에서는 두 견해를 절충하여 각각의 역할에 대해 보다 균형된 시각을 제시하고 있다. 그리고 이윤을 극대화하지 않고 보다 광범위한 사회적 목표를 추구해야 하는 영역에 대해서는 정부가 서비스를 제공하는 것이 바람직하다고 주장한다. 정부가 제공하는 서비스는 다음의 세 가지가 대표적이다.

첫째, 공공재를 들 수 있다. 공공재의 경우는 한 사람을 위해 사용되는 자금이 모든 사람에게 혜택이 되는 무임승차 문제가 대규모로 광범위하게 발생하게 된다. 국방은 전통적으로 공공재로 간주되는데, 한 사람의 국민을 보호하기 위해 지불된 국방 비용은 국민 모두를 보호하게 되는 것이다. 이러한 무임승차 문제가 발생하는 공공재는 개인들이 출구권을 갖고 있지 않기 때문에 민간 기업에서 제공하기 어렵다고 보는 것이다.

둘째, 비대칭적 정보를 들 수 있다. 어느 한쪽이 정보를 추론하는 과정에서 불완전하게 추론할 수밖에 없을 경우에는 정부가 서비스를 제공하는 것이 바람직하다. 건강보험시장이 대표적인데, 개인은 자신의 건강상 위험을 보험회사보다 더 잘 알고 보험을 구입한다. 보험 회사도 개인의 건강상의 위험을 알고 싶으나, 이들은 개인의 구입 태도로부터 위험수준을 불완전하게 추론할 수 있을 뿐이다. 이러한 비대칭적 정보 때문에 경쟁시장에서는 완전한 형태의 보험을 제공하지 못한다. 따라서 강제적인 건강보험이 바람직한 것으로 폭넓게 인정되고 있다.

셋째, 공공감시의 영역을 들 수 있다. 시장의 효율성은 소비자가 정보에 기초하여 결정을 내린다는 전제하에서 성립한다. 생산물에 대한 안전성이 이 경우에 해당하는데, 민간 기업은 자신들의 생산물을 검증할 때 민간의 대리인을 활용할 수 있다. 하지만 사람들은 이들이 이윤을 추구하는 집단이라고 생각하기 때문에 그 결정을 신뢰하지 않을 수 있다. 따라서 어떤 제품에 대한 안전성을 정부가 보증하는 경우에 그 결정을 신뢰할 가능성이 높으므로 정부가 서비스를 제공하는 것이 바람직하다.

① 거래비용의 관점이 갖는 의의와 한계
② 사회적 목표를 추구하는 영역의 유형
③ 거래비용의 관점에서 바라보는 정부의 역할
④ 선택의 렌즈와 계약의 렌즈에 따른 경제학적 의의
⑤ 자유주의적 견해와 공익적 견해의 공통점과 차이점

06 다음 중 (가)~(라)를 문맥의 흐름에 맞는 순서로 바르게 배열한 것을 고르면?

많은 국가들이 석유를 대신할 대체연료의 개발에 전력을 다하고 있다. 그런데 아무리 기술이 발달하고 대체 에너지가 개발된다고 해도 문제가 그렇게 간단하게 해결되는 것은 아니다. 오늘날 지구촌 전체의 가장 큰 관심사는 환경문제와 대체연료다. 배기가스와 연료자원의 문제로 이산화탄소와 질소산화물을 배출하지 않는 대체연료차 등에 화제가 집중되고 있다. 그런데 우리가 간과하고 있는 것이 있다. 연료가 바뀌면 자동차가 이상 없이 굴러다닐 수 있을까 하는 의문이 그것이다.

(가) 연료전지와 수소를 통해 잔존량이 향후 40년 정도라고 하는 석유에서 벗어날 해법이 보이고 자동차를 계속 탈 수 있다면 그야말로 다행이라고 할 수 있다. 그런데 문제는 그렇게 간단하지가 않다. 우선 큰 문제는 타이어가 합성고무로 만들어진 것이라는 사실이다. 알다시피 합성고무는 석유로부터 추출한 원료로 만들어진다. 고성능 엔진 파워를 속도로 만들어 내는 것은 다름 아닌 타이어이다. 전문가들에 의하면 합성고무를 대신할 재료가 없고 석유 이외의 물질로 합성고무를 만드는 것은 현재로서는 불가능하다고 한다.

(나) 이렇게 보면 석유의 문제는 단지 연료가 결국 없어진다는 것 이상의 영향을 자동차에 미치게 된다는 것이다. 20세기의 석유의 시대는 21세기에는 수소의 시대로 이행해 가고 있으나 자동차 사회의 문제는 단지 에너지 문제를 해결해도 끝나는 것이 아니다. 즉 에너지는 수소의 시대로 되어도 여러 가지 제품을 만들어 내는 일 등에서 여전히 석유의 시대와 같은 형태가 계속된다면 그것은 별 의미가 없다는 얘기가 될 수도 있다.

(다) 우선 연료의 경우 90년대 중반 이후 배터리 기술의 급속한 발전은 21세기의 배터리라고 여겨지고 있는 니켈수소를 양산화하기에 이르렀고 EV는 현재 양산 및 시판되고 있어 대체연료가 개발되었다고 볼 수 있다. 또 연료전지의 눈부신 진화는 바야흐로 수소의 시대가 현실로 될 것이라고 하는 기대로 가득차게 하고 있다. 각종 매스컴에서도 연료전지와 수소의 장래가 마치 금방이라도 실현될 것처럼 보도하고 있고 제조원가가 내려가고 사회적 인프라가 정비되면 21세기의 자동차사회는 큰 문제없이 해결될 것 같은 분위기이다.

(라) 이는 타이어에만 국한되지 않는다. 한 보고서에 의하면 자동차를 구성하는 부품의 중량비 7.5%가 플라스틱이라고 한다. 석유를 원료로 하여 만들어지는 플라스틱은 가볍기 때문에 철강 등에 비해 자동차에의 기여율은 수치상으로는 그다지 크지 않아 보인다. 그런데 자동차의 부피로 보면 우레탄과 천을 제외하고도 플라스틱의 비율은 30%에 달한다. 우리들의 눈에 보이는 부분만을 보아도 오늘날 자동차는 다양한 부품에 플라스틱이 사용되고 있다. 플라스틱은 가공하기 쉽고 가벼워 연비향상에 도움이 되기 때문에, 플라스틱 제품의 비중이 증가하고 있는 것은 당연한 결과이다.

① (가) - (다) - (라) - (나)
② (가) - (라) - (다) - (나)
③ (다) - (가) - (나) - (라)
④ (다) - (가) - (라) - (나)
⑤ (다) - (나) - (가) - (라)

07 다음 중 밑줄 친 ㉠의 사례로 적절하지 <u>않은</u> 것을 고르면?

사람은 오감(五感), 즉 시각, 청각, 후각, 미각, 촉각을 통해 세상을 인식한다. 이 다섯 가지의 감각 중 가장 많은 역할을 하는 것은 시각으로, 사람이 습득하는 정보의 80퍼센트는 오로지 시각에 의존한 정보들이다. 대부분의 정보를 시각으로 받아들이면서 우리는 자연스럽게 시각의 능력을 높이 신뢰하게 된다. 그런데 과연 눈으로 보는 정보들은 다 믿을 수 있는 것일까? 우리 눈에 보이는 것은 정말 '눈에 보이는 대로'만 존재하는 것일까?

1999년 신경 과학 분야의 국제 학술지인 『퍼셉션』에 「우리 가운데에 있는 고릴라」라는 제목으로 실린 논문이 있다. 당시 하버드 대학교 심리학과의 대니얼 사이먼스와 크리스토퍼 차브리스는 사람들을 대상으로 흥미로운 실험을 하였다. 그들은 흰 옷과 검은 옷을 입은 학생 여러 명을 두 조로 나누어 같은 조끼리만 이리저리 농구공을 주고받게 하고 그 장면을 동영상으로 찍었다. 그리고 이를 사람들에게 보여 주고 "검은 옷을 입은 조는 무시하고 흰 옷을 입은 조의 패스 횟수만 세어 주세요."라고 주문하였다. 동영상은 1분 남짓이었으므로 대부분의 사람들은 어렵지 않게 흰 옷을 입은 조의 패스 횟수를 맞히는 데 성공하였다. 그리고 그들 중 절반은 왜 이런 간단한 실험을 하는지 목적을 파악하지 못해 고개를 갸웃거렸다.

사실 실험의 목적은 따로 있었다. 실험 참가자들에게 보여 준 동영상 중간에는 고릴라 의상을 입은 한 학생이 걸어 나와 가슴을 치고 퇴장하는 장면이 무려 9초에 걸쳐 등장한다. 재미있는 사실은 동영상을 본 사람들 중 절반은 자신이 고릴라를 보았다는 사실을 전혀 인지하지 못했다는 것이다. 나머지 절반은 고릴라를 알아보고 황당하다는 반응을 보였다. 심지어 고릴라를 인지하지 못한 이들에게 고릴라의 등장 사실을 알려 주고 동영상을 다시 보여 주자, 분명 먼젓번 동영상에서는 고릴라가 등장하지 않았다고 말하는 사람도 있었다. 그러면서 실험자가 자신을 놀리려고 다른 동영상을 보여 준 것이 아니냐는 의심을 하기도 하였다. 도대체 왜 이들은 고릴라를 보지 못한 것일까?

대니얼 사이먼스와 크리스토퍼 차브리스는 이를 ㉠'무주의 맹시'라고 칭했다. 이는 시각이 손상되어 물체를 보지 못하는 것과 달리, 물체를 보면서도 인지하지 못하는 경우를 말한다. 두 눈을 멀쩡히 뜨고 있는데 보지 못한다고? 정말 황당한 소리이다. 하지만 우리는 늘 이런 경험을 한다.

고릴라는 어디에나, 언제나 존재한다. 다만 내가 이를 인지하지 못했을 뿐이다. 그들은 갑자기 새롭게 나타난 것이 아니라 평소에도 늘 존재하였다. 하지만 평소에는 주의 깊게 보지 않아서 인식하지 못했던 것을 비로소 오늘에서야 뇌가 인지한 것이다.

① 영화를 보면서 다른 생각을 하면 영화의 내용이 기억나지 않는다.
② 여자 친구와 헤어진 후에 유난히 행복한 연인들의 모습이 눈에 띈다.
③ 운전을 하면서도 조수석에 앉은 사람의 이야기를 다 듣고 이해하였다.
④ 전철에서 앉을 자리를 찾느라 친구가 손짓하며 부르는 것을 알아차리지 못하였다.
⑤ 시골 할머니 댁에 다녀온 후, 전에는 눈에 띄지 않던 나이 든 할머니, 할아버지의 모습이 눈에 들어온다.

에너지 블록체인은 퍼블릭 블록체인이나 프라이빗 블록체인을 기반으로 서비스를 제공할 수 있지만 퍼블릭 블록체인의 기술적 한계성과 규제 때문에 현재 프라이빗 블록체인 기반 서비스가 다수를 차지하고 있다. 현재 퍼블릭 블록체인들은 제한적인 확장성, 높은 가치 변동성 등 한계점을 가지고 있기 때문에 안정적인 전력공급이 중요한 에너지 분야에서는 신뢰할 수 있는 사용자들만 네트워크에 참여할 수 있는 프라이빗 블록체인을 기반으로 한 서비스가 대부분이다.

블록체인이 에너지 분야에 도입되면 에너지 산업의 가치사슬 변화가 일어날 것으로 예상된다. 신재생에너지로 발전한 전력을 블록체인 기반으로 개인·건물 간에 거래할 수 있게 함으로써 거래비용을 줄이고 신뢰할 수 있는 거래 정보를 공유하기 위해 새로운 P2P 전력거래 비즈니스 모델이 개발될 것이다. 중앙집중형 전력거래방식에서 블록체인 기반 분산형 전력거래방식으로 전환되면 전력거래 중개자 역할을 했던 한국전력과 전력거래소의 역할이 축소될 것이고 에너지 프로슈머의 역할은 더욱 커질 것이다.

에너지 블록체인 도입에 기술적 장애요인으로는 에너지 블록체인에 사용되고 있는 이더리움과 비트코인의 기술적 한계점을 들 수 있는데, 이를 해결하기 위해서는 P2P 네트워크 기술은 안전성, 노드 신뢰성, 성능에 대한 문제점을 해결해야 한다. 특히 프라이빗 블록체인 활용, PoW 이외의 합의 알고리듬 개발 및 활용, 사용자 보안인식 확대, 코딩 검증 기준 마련이 이뤄져야 한다.

또한 경제·사회적 요인을 살펴보면 높은 태양광 발전단가, 간헐적인 태양광 발전시간, 전력손실 비용 증가 등으로 인해 국내 P2P 전력거래시장이 비활성화돼 있는 상황에서는 에너지 블록체인을 도입할 경우 전력 소비자나 전력 생산자가 얻을 수 있는 경제적 유인이 적다. 따라서 경제·사회적 측면에서 에너지 블록체인 도입을 위해 신재생에너지 발전단가 감소, 에너지 블록체인 도입 편익효과 분석, 사회적 공감대 확보가 필요하다.

이와 함께 제도적 장애요인으로는 전력판매 규제, 보안 및 개인정보보호 관련 법제도 미비 등을 들 수 있다. 전기사업법에 따라 전기판매사업자는 한국전력과 구역전기사업 외에는 불가능하기 때문에 블록체인을 기반으로 한 P2P 전력거래서비스를 국내에 도입하기 어렵다.

① 에너지 블록체인은 현재 프라이빗 블록체인 기반 서비스가 다수를 차지한다.
② 이더리움과 비트코인의 기술적 한계점이 에너지 블록체인 도입의 기술적 장애요인으로 볼 수 있다.
③ 블록체인 기반 분산형 전력거래방식으로 전환되면 에너지 프로슈머의 역할은 더욱 커질 것으로 기대된다.
④ 전기사업법을 개정하여 전력판매를 규제함으로써 블록체인 기반 전력거래서비스의 활성화를 도모할 수 있다.
⑤ 전력 소비자나 전력 생산자가 얻을 수 있는 경제적 유인을 높이기 위해 전력거래시장을 활성화할 필요가 있다.

보통 여러 사람들이 모여 서로 이야기를 하면 다양한 의견이 반영되기 때문에 보다 합리적인 결론을 얻을 수 있다고 생각하기 쉽다. 하지만 실제 집단적 의사 결정을 할 때, 사람들은 논의 과정에서 다양한 의견들을 수렴하기보다 극단적인 방향으로 흐르는 경우가 있다. 이처럼 (   )을 '집단극화(group polarization)'라 한다.

그렇다면 집단극화 현상이 발생하는 이유는 무엇일까?

첫째, '사회비교 이론'은 집단 구성원들이 자신을 타인과 비교하는 경향이 있으며, 타인으로부터 인정받고자 하는 욕구가 있다는 것으로 설명한다. 집단토의 중에 자기의 주장이 상대의 주장보다 못하다는 생각이 들면 좀 더 극단적인 의견을 제시하게 된다는 것이다. 예를 들어 친구들과 관람한 영화가 보통 정도는 되는 영화라고 생각했어도 '정말 형편없었어.'라고 주장하는 친구들이 더 많으면, 자신도 재미가 별로 없었다는 것을 친구들보다 더 강화된 근거로 제시하여 집단으로부터 지지받는 입장을 밝히게 된다는 것이다. 이런 과정을 거쳐 집단의 의견은 극단적인 방향으로 가게 된다.

둘째, '설득주장 이론'은 집단 토의가 진행되면 새로운 정보나 의견을 접하게 되어 이전에는 생각지 못했던 다양하고 설득력 있는 의견에 구성원들이 솔깃하게 된다는 것으로 설명한다. 집단 의견의 방향과 일치하면서 그럴듯한 주장이 제시되면 극단의 의견이 더 설득적이라 생각하게 되어 결과적으로 집단의 결정이 양극의 하나로 정해진다는 것이다.

셋째, '사회정체성 이론'은 집단극화를 집단 규범에 동조하는 현상과 관련지어 설명한다. 사회 정체성 수준이 높은 구성원일수록 자신이 속한 내집단과 자신을 동일시한다. 이에 따라 내집단에서 생긴 의견 차이는 극소화되고, 집단의 규범에 강하게 영향을 받게 되어 집단 규범에 동조하는 행동을 한다. 즉, 내집단 구성원 간의 의견차는 극소화되는 반면 외집단과 내집단의 차이는 극대화되어 시간이 갈수록 내집단의 의견은 다른 집단의 의견과 차별화되고 외집단과는 다른 극단적인 방향으로 전환된다. 정치적 경향이 달랐던 두 정당이 시간이 지날수록 화합하지 못하고 견해차가 더 심화되는 것이 이러한 예에 해당한다.

① 집단의 최초 의견이 모험적인 경우는 더 모험적인 방향으로, 보수적인 경향이었다면 더 보수적인 경향으로 결정되며 극단화되는 현상
② 집단의 최초 의견이 모험적인 경우는 덜 모험적인 방향으로, 보수적인 경향이었다면 덜 모험적인 경향으로 결정되며 극단화되는 현상
③ 집단의 최초 의견이 모험적인 경우는 더 보수적인 방향으로, 보수적인 경향이었다면 더 모험적인 경향으로 결정되며 극단화되는 현상
④ 집단의 최초 의견이 모험적이든 보수적이든 상관없이 집단 내 개인 중 권력이 센 사람의 의견으로 몰려 극단화되는 현상
⑤ 집단의 최초 의견이 모험적이든 보수적이든 상관없이 집단 내 다수의 의견으로 몰려 극단화되는 현상

10 다음 숫자들의 배열 규칙을 찾아 "?"에 들어갈 숫자를 고르면?

4	9	16	35	(?)	137	268

① 76 ② 72 ③ 68

④ 66 ⑤ 62

11 10% 농도의 A소금물과 $x\%$ 농도의 B소금물이 각각 180g, 300g이 있다. A에 소금 20g을 섞은 후 A의 절반을 B와 섞은 결과물을 C소금물이라 할 때, C의 농도는 10%가 된다. 이때 B소금물의 농도 x는 몇 %인지 고르면?(단, 소금물은 항상 균일하게 섞인다.)

① 6% ② 7% ③ 8% ④ 9% ⑤ 10%

12 A 고등학교의 학생 수는 작년에 비해 남학생은 5% 감소, 여학생은 2% 증가했다. 올해 전체 학생 수는 902명이고 작년에 비해 18명 감소했을 때, 작년 여학생 수는 몇 명인지 고르면?

① 360명   ② 380명   ③ 400명   ④ 420명   ⑤ 440명

13 T공장에서 생산되는 A, B제품은 X, Y재료가 있어야 생산할 수 있다. A, B제품의 판매가는 각각 15,000원, 25,000원이고, 매일 X재료는 180개, Y재료는 345개가 입고되고, X재료와 Y재료를 모두 사용할 때, A, B제품의 하루 판매이익은 얼마인지 고르면?(단, 제품 1개당 판매이익은 A제품이 판매가의 20%, B제품이 판매가의 30%이다.)

구분	X재료	Y재료
A제품 1개 생산 시 필요한 재료 수	2개	5개
B제품 1개 생산 시 필요한 재료 수	3개	4개

① 360,000원   ② 365,000원   ③ 370,000원
④ 375,000원   ⑤ 380,000원

14 다음 [표]와 [그래프]는 2014~2019년 동안의 우리나라 디자인산업 현황에 관한 자료이다. 이를 바탕으로 옳지 <u>않은</u> 것을 고르면?

[표] 2014~2019년 디자인산업 관련 기업 및 종사자 수 현황 　　　　　　　　　(단위: 십개 사, 십 명)

구분	2014년	2015년	2016년	2017년	2018년	2019년
디자인 활용기업 수	8,744	9,757	11,793	12,528	13,322	14,197
디자인 전문회사 수	454	498	543	550	(　)	626
일반기업고용 디자이너 수	23,098	24,087	25,449	25,505	26,176	26,608
디자인 전문회사 종사자 수	2,135	2,273	2,954	2,948	2,767	2,528

[그래프] 2014~2019년 우리나라 디자인산업 규모 및 가치 현황 　　　　　　　(단위: 백억 원, %)

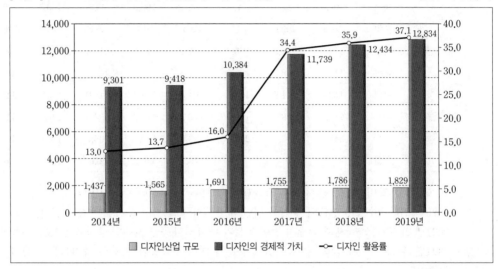

① 2014년 대비 2019년 일반기업고용 디자이너 수의 증가량은 디자인 전문회사 종사자 수의 증가량보다 3만 1천 명 이상 더 많다.

② 디자인의 경제적 가치의 전년 대비 증가율은 2017년이 2018년의 2배 이상이다.

③ 2019년 디자인 전문회사 수의 전년 대비 증가율이 12%라면, 2018년의 디자인 전문회사 수는 560십개 사 이하이다.

④ 2015~2019년 동안 디자인산업 규모의 전년 대비 증가량은 매년 감소했다.

⑤ 2015~2019년 동안 디자인 활용기업 수의 전년 대비 증가량이 가장 작은 해에는 디자인 활용률의 전년 대비 증감 폭이 가장 크다.

15 다음 [표]는 제조업 주요업종별 국내공급동향 지수에 관한 자료이다. 이에 대한 설명으로 옳지 <u>않은</u> 것을 고르면?(단, 계산 시 소수점 둘째 자리에서 반올림한다.)

[표] 제조업 주요업종별 국내공급동향 지수 (2015년=100)

구분		2019년	2020년			2021년		
			2/4	3/4	4/4	1/4	2/4	3/4
기계장비		99.4	106.0	112.9	101.4	109.8	115.3	129.8	112.7
	국산	100.5	103.5	109.5	97.9	108.2	105.2	121.6	106.2
	수입	96.9	111.9	120.9	110.0	113.9	139.5	149.5	128.2
1차 금속		98.2	90.4	88.0	86.9	94.9	95.1	101.2	97.7
	국산	100.6	95.7	91.2	94.2	102.3	98.8	103.8	98.1
	수입	91.9	76.9	79.8	68.4	76.1	85.5	94.7	96.4
화학제품		112.3	109.2	105.2	107.2	113.1	117.4	120.4	112.2
	국산	112.4	108.3	103.9	107.2	110.4	116.7	118.0	109.6
	수입	112.0	111.5	108.5	107.3	119.6	119.0	126.2	118.3
기타운송장비		188.5	189.6	189.5	172.2	140.3	130.2	129.1	117.3
	국산	241.7	243.2	246.9	199.8	179.0	166.6	136.8	129.0
	수입	86.7	87.2	79.9	119.4	66.3	60.6	114.3	95.0

① 2020년 기계장비 국내공급 지수는 국산과 수입 모두 전년 대비 증가하였다.
② 2020년 기타운송장비 전체와 수입의 전년 대비 국내공급 지수 증가율은 서로 같다.
③ 2021년 2/4분기 화학제품 전체의 전년 동분기 대비 국내공급 지수의 증가율은 15% 이상이다.
④ 2021년 3/4분기 1차 금속 수입의 전년 동분기 대비 국내공급 지수의 증가율은 국산의 10배 이하이다.
⑤ 2021년 3/4분기 중 전년 동분기 대비 감소한 업종의 전체 국내공급 지수는 전년 동분기 대비 30% 이상 감소하였다.

[16~17] 다음 [표]와 [그래프]는 1차 에너지 에너지원별 공급량 및 실질 GDP에 관한 자료이다. 이를 바탕으로 질문에 답하시오.

[표] 1차 에너지 에너지원별 공급량 현황

(단위: 십만 TOE)

구분	2015년	2016년	2017년	2018년	2019년	2020년
합계	2,869	2,938	3,024	3,074	3,030	2,920
석탄	854	815	862	867	821	722
석유	1,091	1,176	1,198	1,185	1,173	1,102
LNG	436	455	475	552	535	550
수력	12	14	15	15	13	15
원자력	348	342	316	284	311	341
신재생 및 기타	128	136	158	171	177	190

[그래프] 실질 GDP 현황

(단위: 조 원)

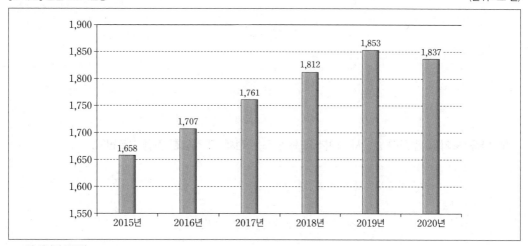

※ $\dfrac{1차\ 에너지\ 공급량}{실질\ GDP}$(TOE/십억 원)=실질 GDP 대비 1차 에너지 공급량

16 주어진 자료에 대한 설명으로 옳은 것을 고르면?

① 2016~2020년 동안 에너지원별로 1차 에너지가 전년 대비 모두 증가한 해는 1개년뿐이다.
② 조사기간 동안 석유가 원자력의 3.6배 이상인 해는 4개년이다.
③ 2017년 실질 GDP의 전년 대비 증가율은 3% 미만이다.
④ 2018년 대비 2019년 전체 1차 에너지 중 석유가 차지하는 비중은 증가했다.
⑤ 2016~2020년 동안 신재생 및 기타의 전년 대비 증가량 평균은 13.4십만 TOE이다.

17 2020년 실질 GDP 대비 전체 1차 에너지 공급량은 2015년 대비 몇 % 감소하였는지 고르면?(단, 계산 시 소수점 첫째 자리에서 반올림한다.)

① 7%   ② 8%   ③ 9%   ④ 10%   ⑤ 11%

18 다음 [보기]의 명제가 모두 참일 때, 항상 옳은 명제를 고르면?

┤ 보기 ├

- 모든 생선은 가로줄무늬가 있다.
- 생선이 아닌 것은 모두 육지에 산다.

① 육지에 사는 것은 모두 가로줄무늬가 있다.
② 가로줄무늬가 있는 것은 모두 육지에 산다.
③ 가로줄무늬가 없는 것은 모두 육지에 산다.
④ 육지에 살지 않는 것은 모두 가로줄무늬가 없다.
⑤ 가로줄무늬가 있는 것은 모두 육지에 살지 않는다.

19 다음 [보기]의 결론이 반드시 참이 되도록 만드는 전제2로 적절한 것을 고르면?

┤ 보기 ├

- 전제1: 어떤 자동차는 수소로 작동한다.
- 전제2: _____
- 결론: 수소로 작동하는 것 중에는 연구단계인 것도 있다.

① 모든 자동차는 연구단계이다.
② 연구단계인 모든 것은 자동차이다.
③ 자동차는 모두 연구단계가 아니다.
④ 연구단계인 것 중에는 자동차도 있다.
⑤ 자동차 중에는 연구단계가 아닌 것도 있다.

20 8명의 직원 A~H가 커피 키오스크에 일렬로 줄을 서 있다. 다음 주어진 [조건]을 바탕으로 반드시 옳은 것을 고르면?

┤ 조건 ├

- C는 앞에서 세 번째이다.
- B는 중간보다 앞쪽에 서 있다.
- A는 H보다 앞에 서 있지만, E보다는 뒤에 서 있다.
- E는 F보다 앞에 서 있지만, D보다는 뒤에 서 있다.
- B는 G 바로 뒤에 서 있다.

① G는 가장 앞에 서 있다.
② H는 가장 뒤에 서 있다.
③ D는 앞에서 두 번째이다.
④ F는 E 바로 뒤에 서 있다.
⑤ A는 앞에서 여섯 번째이다.

21 5명의 학생이 다음 [보기]와 같이 성적에 대해 이야기를 나누고 있는데, 이들 중 오직 한 명만 진실을 말하며 나머지는 모두 거짓말을 하고 있다고 하였을 때, 1등을 한 사람을 고르면?

┤ 보기 ├

- 정수: 이번 시험에서 1등을 한 건 기태야.
- 명희: 이번 시험에서 1등을 한 건 내가 아니야.
- 기태: 정수의 말은 사실이 아니야.
- 희정: 이번 시험에서 1등을 한 건 정수야.
- 유진: 이번 시험에서 1등을 한 건 나야.

① 정수   ② 명희   ③ 기태
④ 희정   ⑤ 유진

22 다음 공문서의 내용을 파악한 것으로 적절하지 <u>않은</u> 것을 고르면?

"안전하고 편리한 삶의 터전 조성 선도기관"

한 국 시 설 안 전 공 단

수신자
(경유) 　사단법인　건축물에너지평가사협회

제　　목　공공건축물 성능개선 전문가 추천 요청

---

1. 귀 기관에 무궁한 발전을 기원합니다.
2. 공간에서 수행 중인 공공건축물 성능개선 사업과 관련하여 아래 사항을 참고하여 건축물 에너지분야 전문가를 2020. 10. 21.(수) 오전까지 추천하여 주시기 바랍니다.
   가. **목적**: 2020년 공공건축물 성능개선 대상 건축물의 성능개선 최적화 방안 도출
   나. **자격**: 건축물에너지평가사
   다. **기간**: 2020. 10.~2020. 12.
   라. **수행내용**: 건축물 현황확인, 현장확인, 에너지 성능 평가를 통한 시뮬레이션 및 보고서 작성 ※ 현장확인 일정은 공단 일정에 따름(추후 개별 통보).
   　　1) 건축물 현황확인: 육안조사를 통한 구조안전 평가 및 개선안 도출, 건축/기계/전기 각 분야별 노후화 상태 확인
   　　2) 현장확인: 단열성능 측정(열화상카메라 등), 실내환경(미세먼지측정기 등)
   　　　※ 공간 측정 장비 지원
   　　3) 에너지 성능평가: 에너지소비특성 분석, ISO 13790 등 국제규격에 따라 제작된 프로그램을 사용하여 시뮬레이션을 통한 성능개선 전후 대비 연간 단위면적당 냉난방 에너지요구량 20% 이상 또는 에너지소요량 20% 이상 개선안 도출
   마. **제출서류**: 이력서(경력확인가능), 건축물에너지평가사 자격증 사본
   바. **자문비**: 공단 내부규정 및 엔지니어링노임단가 기준(건물별 최대 10일)
   사. **성과물**: 현장확인 후 10일 안에 보고서 제출

붙임: 공공건축물 성능개선 전문가 추천 요청 1부.
끝.

---

① 현장확인을 위해 측정하는 장비는 한국시설안전공단에서 지원한다.
② 건축물 에너지분야 전문가는 건축물의 현황을 열화상카메라 등을 통해 확인해야 한다.
③ 에너지 성능평가는 국제규격에 따라 제작된 프로그램을 통해 개선안을 도출할 수 있다.
④ 건축물 에너지분야 전문가로 추천된 경우 자문비는 공단 내부규정 등을 통해 받을 수 있다.
⑤ 건축물 현황확인과 현장확인, 에너지 성능평가 등에 대한 보고서는 현장확인 후 10일 안에 제출해야 한다.

23 다음 공문서의 내용을 바르게 파악한 것을 고르면?

한국산업인력공단 신입사원 공개채용

전 국민의 평생고용역량을 키우는 No.1 HRD 파트너 한국산업인력공단에서 역량 있는 인재를 모집합니다.

1. 모집분야 및 인원

■ 공무직

채용직급	모집단위		선발인원	근무지역
공무직	시설물관리원	인천지역본부	1	인천
		경기남부지사	1	경기 안성
		충남지사	1	충남 천안
	시설물청소원	경남지사	1	경남 창원
		광주지역본부	1	광주

2. 지원자격 및 근무조건

■ 지원자격

구분		주요내용

공통 자격요건		○ 최종 합격자 발표 후 임용 시 즉시 근무 가능한 자(즉시 근무 불가능 시 합격 취소)
		 ○ 국가공무원법 제33조 및 우리 공단 인사규정 제24조의 결격사유에 해당하지 않는 자로서 남자는 병역을 필하였거나 면제된 자
		 ○ 학력 및 성별, 연령제한 없음. 다만 공단 인사규정 제48조(정년)에 따라 정년 초과자는 지원할 수 없음
		    − 시설물관리원: 정년 만 60세
		    − 시설물청소원: 정년 만 65세

직종별 필수 자격	시설물 관리원	인천지역본부, 충남지사	가스기능사 이상 국가기술자격증 소지자(가스산업기사, 가스기사 포함) 또는 전기기능사 이상 국가기술자격증 소지자(전기산업기사, 전기기사, 전기공사산업기사, 전기공사기사 포함)
		경기남부지사	전기기능사 이상 국가기술자격증 소지자(전기산업기사, 전기기사, 전기공사산업기사, 전기공사기사 포함)
	시설물 청소원	경남지사, 광주지역본부	공통 자격 요건 외 별도 필수 자격조건 없음.

■ 근무조건
  ○ 수습임용 기간(3개월) 근로 후 소정의 평가를 거쳐 적격판정 시 정규임용
  ○ 근로 시간 및 수행업무 등

① 공무직은 총 4명을 뽑는다.
② 만 59세일 경우 시설물 관리원으로 지원할 수 있다.
③ 병역을 이수하지 않은 20세 청년도 시설물 청소원 합격이 가능하다.
④ 합격 후 수습 임용 기간 3개월을 근로하면 모두 정규 임용이 가능하다.
⑤ 가스산업기사 자격증이 있는 사람은 경기남부지사의 시설물 관리원으로 지원할 수 있다.

[24~25] 다음은 중소기업 취업자에 대한 소득세 감면에 관한 자료이다. 이를 바탕으로 질문에 답하시오.

중소기업 취업자에 대한 소득세 감면 개요

☐ 감면 개요
  ○ [중소기업기본법] 제2조에 따른 중소기업으로서 일정한 중소기업에 2012. 1. 1.(60세 이상인 사람 또는 장애인의 경우 2014. 1. 1. 및 경력단절여성의 경우 2017. 1. 1.)부터 2021. 12. 31.까지 취업하는 경우 취업일로부터 3년(청년의 경우 5년)이 되는 날이 속하는 달의 말일까지 발생한 소득에 대한 소득세의 일정률을 감면하는 제도
☐ 청년 중소기업 취업자 소득세 감면 확대
  ○ 중소기업에 취업한 청년의 경우 감면대상기간이 3년에서 5년으로 연장되었으며, 감면율도 산출세액의 70%에서 90%(최대 150만 원)로 상향되었음
    – 또한, 소득세 감면을 받을 수 있는 청년 연령 요건이 당초 15~29세에서 15~34세로 확대되었음
  ○ 청년 중소기업 취업자 소득세 감면 확대는 2018. 1. 1. 이후 지급받는 귀속 소득분부터 적용됨
☐ 감면대상자

구분	감면기간	요건
청년	5년	근로계약 체결일 현재 15세 이상 29세 이하인 자 ('18년 이후 소득분부터 15세 이상 34세 이하) ※ 군복무기간(최대 6년)은 나이를 계산할 때 빼고 계산함
고령자	3년	근로계약 체결일 현재 60세 이상인 자
장애인 등	3년	[장애인복지법]의 적용을 받는 장애인 [국가유공자 등 예우 및 지원에 관한 법률]에 따른 상이자
경력단절여성	3년	① 해당 중소기업에서 1년 이상 근무 ② 임신, 출산, 육아의 사유로 해당 중소기업에서 퇴직 ③ 퇴직한 날부터 3년 이상 10년 미만 기간 이내 재취업 ④ 해당 중소기업의 최대주주나 그와 특수관계인이 아닐 것

※ 소득세 감면기간은 소득세를 감면받은 사람이 요건을 충족하는 다른 중소기업에 취업하거나 해당 중소기업에 재취업하는 경우에는 소득세를 감면받은 최초 취업일부터 기간 중단 없이 계산함
※ 중소기업 취업자에 대한 소득세 감면을 받던 청년이 다른 중소기업으로 이직하는 경우에는 이직 당시의 연령에 관계없이 소득세를 감면받은 최초 취업일로부터 감면기간에 해당하는 달까지 발생한 소득에 대하여 감면을 적용받을 수 있음

24 위의 자료를 이해한 내용으로 옳은 것을 고르면?

① 2011. 12. 31. 전에 중소기업에 취업하여 현재까지 근무하고 있는 경우 2012년 이후 소득 부분부터 감면이 가능하다.
② 남편이 대표자인 개인사업체에 근무 중인 여성도 감면을 받을 수 있다.
③ 감면 적용 중에 다른 중소기업으로 이직할 경우 감면 자격을 상실한다.
④ 2016년에 중소기업에 입사하여 70%의 감면을 받고 있었더라도 2018년 귀속 소득분부터 90%의 감면을 적용받는다.
⑤ 2013. 7. 10.에 입사한 33세 청년의 경우 감면 요건을 미충족하여 2018년 귀속 소득세 감면 적용이 불가하다.

25 중소기업 감면 혜택을 받는 청년 A의 연말정산 환급 금액을 아래와 같이 가정하였을 때 차가감 납부 세액으로 바른 것을 고르면?

[표1] 청년 A의 소득 현황

구분		금액(원)
① 총급여		40,000,000
② 근로소득공제		11,250,000
③ 근로소득금액(①−②)		( )
소득공제	④ 인적공제	1,500,000
	⑤ 국민연금보험료	1,800,000
	⑥ 건강보험료	1,371,960
	⑦ 신용카드	−
	⑧ 체크카드/현금영수증	−
⑨ 과세표준(③−④−⑤−⑥−⑦−⑧)		( )
⑩ 산출세액(과세표준×기본세율)		( )
세액공제	⑪ 중소기업 취업자 감면세액	( )
	⑫ 근로소득 세액공제	278,740
	⑬ 연금저축계좌	0
	⑭ 보장성 보험	0
⑮ 결정세액(⑩−⑪−⑫−⑬−⑭)		( )
⑯ 기납부세액		1,442,520
⑰ 차가감 납부 세액(⑮−⑯)		( )

[표2] 연말정산 과세 기준

과세표준	기본세율
1,200만 원 이하	과세표준의 6%
1,200만 원 초과 4,600만 원 이하	72만 원+(1,200만 원 초과금액의 15%)
4,600만 원 초과 8,800만 원 이하	582만 원+(4,600만 원 초과금액의 24%)
8,800만 원 초과 1억 5천만 원 이하	1,590만 원+(8,800만 원 초과금액의 35%)
1억 5천만 원 초과 3억 원 이하	3,760만 원+(1억 5천만 원 초과금액의 38%)
3억 원 초과 5억 원 이하	9,460만 원+(3억 원 초과금액의 40%)
5억 원 초과	17,460만 원+(5억 원 초과금액의 42%)

① −752,966원
② −689,554원
③ −499,795원
④ 499,795원
⑤ 689,554원

01 다음 (가)~(라)는 국어의 피동 표현을 학습하기 위해 수집한 자료들이다. 이를 바탕으로 알 수 있는 내용이 <u>아닌</u> 것을 고르면?

(가) • 철수가 이 글을 썼다. → 이 글은 철수에 의해 쓰였다.
　　 • 뱀이 개구리를 먹었다. → 개구리가 뱀에게 먹혔다.
　　 • 모기가 영희를 물었다. → 영희가 모기에게 물렸다.
　　 • 동생이 찢은 책 → 동생에 의해 찢긴 책

(나) • 상호가 이 상자를 만들었다. → 이 상자는 상호에 의해 만들어졌다.
　　　　　　　　　　　　　　　　　 이 상자는 상호에 의해 만들렸다.(×)

(다) • 이 불상은 신라 때 것으로 보여진다.(×)
　　 • 온 세상이 눈으로 덮혀졌다.(×)

(라) • 아이에게 그림책을 보였다.
　　 • 산모퉁이를 돌자 정상이 보였다.

---

① (가)와 (나)를 보면 접미사 '-이-, -히-, -리-, -기-'를 첨가하거나 '-지다'를 이용해 피동 표현을 만드는 것을 알 수 있다.
② (나)를 보면 동사 중에는 접미사를 이용해 피동 표현을 만들 수 없는 경우도 있다.
③ (나)와 (다)를 보면 피동문에서 행위의 주체가 사람일 때는 수단이나 처소를 나타내는 조사가 붙는 것을 알 수 있다.
④ (다)를 보면 언중들이 불필요하게 이중으로 피동 표현을 사용하는 경우가 많다는 것을 알 수 있다.
⑤ (라)를 보면 국어의 피동 표현은 사동 표현과 일치하는 경우도 있다.

압전 및 마찰 전기를 이용한 에너지 하베스팅 기술은 각각 압전 효과와 정전기 유도 현상을 기본 원리로 에너지를 수확한다. 이 두 가지는 모두 외부의 기계적 에너지가 전위차를 만들고 이로 인해 쌍극자와 보상 전하가 형성되어 전자, 즉 전류가 흐르는 현상을 바탕으로 한다. 열전을 이용한 에너지 하베스팅 기술은 각각 제벡 효과와 패러데이의 전자기 유도 법칙을 기본 원리로 에너지를 수확한다.

압전 물질인 PMN-PT를 사용하는 에너지 하베스팅 소자가 전기 에너지를 만들어 내는 원리는 다음과 같다. 기계적 에너지를 받지 않은 상태에서 PMN-PT 박막에 존재하는 쌍극자는 폴링(poling)에 의해 소자의 표면에 수직으로 배열되어 있다. 소자가 인장 응력을 받아 휘어지면 소자의 변형으로 인해 PMN-PT 박막 내부에 압전 전위가 형성된다. 전자는 쌍극자에 의해 만들어진 전위의 균형을 맞추기 위하여 외부 회로를 통해 흐르며 결과적으로 위쪽 전극에 쌓이게 된다. 소자에 작용하던 응력이 사라져 다시 처음 상태로 돌아가면 전하 또한 회로를 통해 처음 자리로 되돌아간다. 전체적으로 소자에 압력이 가해지고 제거되는 반복적인 과정을 통해 양의 전기 신호와 음의 전기 신호가 번갈아 생기게 된다.

마찰전기를 이용한 에너지 하베스팅의 일반적인 메커니즘은 다음과 같다. 두 개의 서로 다른 물질이 접촉하면 마찰 대전에 의해 표면이 대전되는 현상이 나타난다. 두 물질이 분리되면 정전기 유도 현상에 의해 위·아래 전극에 보상 전하가 축적되고, 이에 따라 전하 균형이 맞을 때까지 외부 전극을 통해 전류가 흐르게 된다. 두 물질이 다시 가까워지면 축적되었던 보상 전하가 사라짐으로써 처음과는 반대 방향의 전류가 외부 전극을 통해 흐르게 되며, 반복되는 접촉 및 분리과정을 통해 양 전극 간에 지속적으로 교류 전류가 흐른다.

열전 에너지 하베스팅은 열에너지를 전기에너지로 변환시키는 방식을 이용한 기술로, 제벡 효과를 바탕으로 한다. 제벡 효과는 두 종류의 금속이나 반도체의 양 끝을 접합한 부분에 발생하는 온도 차가 전압으로 직접 변환되는 현상이다. 이 현상은 온도에 따라 자유전자의 에너지가 다르므로 자유 전자가 에너지 균형 상태, 즉 평형 상태가 될 때까지 에너지가 낮은 쪽으로 이동하여 전위차를 형성하기 때문에 발생한다. 일반적인 열전 소자의 형태는 전압을 증가시키기 위해 많은 수의 열전 단위소자가 전기가 흐르는 방향에 직렬로 연결되어 있으며, 열전도도를 증가시키기 위해 열이 흐르는 방향에 병렬로 연결되어 있다.

페로플루이드를 이용한 에너지 하베스팅 기술은 자기장이 존재하는 영역에서 기계적 에너지를 받을 때 생기는 자기 쌍극자 모멘트의 변화를 원리로 한다. 재료가 외부 자기장을 받지 않을 때, 액체 안에서 쌍극자들이 무작위하게 배열한 상황을 나타낸다. 이때 총자화 값은 0이다. 만약 재료에 외부 자기장을 가한다면 액체 내부에 있는 자기 쌍극자가 외부 자기장의 방향으로 정렬한다. 이후 재료가 진동을 받아 액체가 출렁인다면 내부 자기 쌍극자들은 변위를 갖는다. 변위를 가진 쌍극자들은 순자기선속을 만든다. 이 선속이 액체 주변의 코일에 영향을 주면 전자기 유도 현상이 발생하고 코일에는 전기가 흐른다. 여기서 중요한 요소는 최대한 공명 진동수에 근접한 기계적 진동을 가하여 진폭이 최대가 되는 표면파를 형성시키는 것이다. 표면파가 최대 진폭을 갖는다면 이 파동이 만드는 자기 선속의 변화 또한 최댓값을 갖기 때문에 큰 전압이 출력된다.

① 에너지 하베스팅 기술의 원리와 유형
② 에너지 하베스팅 기술의 메커니즘과 단점
③ 압전 효과와 정전기 유도 현상의 정의와 구분
④ 열에너지와 전기에너지의 상관관계와 변환 원리
⑤ 물리학에서 바라보는 에너지 하베스팅 기술의 의미

03 다음 중 (가)~(라)를 문맥의 흐름에 따라 바르게 배열한 것을 고르면?

친환경차 시대로 인해 전기차에 대한 인기가 높지만, 하이브리드차도 전기차 못지않게 잘 팔리고 있다. 기존 내연기관의 장점과 전기차 관련 혜택을 모두 누릴 수 있는 덕이다. 하이브리드차는 큰 범주에서 모터를 통해 엔진을 직접 구동하는 방식과 보조 수준의 방식으로 나눌 수 있는데, 다음과 같이 살펴볼 수 있다.

(가) 마일드 하이브리드는 모터만으로 바퀴 등 구동계를 움직일 수 없다. 모터와 배터리는 엔진과 벨트로 연결돼 동작을 보조하는 역할이다. 시동이나 출발 등에 소모하는 엔진 동력과 작업량을 분담하는 형태다. 저속 등에서 엔진을 쓰지 않는 풀 하이브리드보다 연비 향상·출력이 낮다. 연비 향상도 마일드 하이브리드 미탑재 차량보다 10% 정도만 향상되는 수준이고 모터도 10kw 정도의 사양이다. 마일드 하이브리드는 쉬운 설계 적용과 저렴한 비용이란 장점을 보유했다. 부피가 큰 디젤 엔진으로 추가적인 하이브리드 설계가 어려운 디젤차에도 적용이 쉽고, 풀 하이브리드의 30% 정도의 비용으로 기존 내연기관차에 탑재하는 것이 가능하다.

(나) 직렬 하이브리드 적용 차량은 많지 않은데, 이는 엔진이 아닌 모터만으로 구동하는 특성 영향이다. 차량 설계 시 기존 내연기관차와 완전히 다르다. 기존 내연기관차에 직렬 하이브리드를 적용하는 것은 어렵다. 대신 최근 BMW e드라이브 등 차량처럼 플러그인 하이브리드(PHEV) 차량을 위한 설계 방식을 따르는 추세다. 병렬 하이브리드는 엔진과 변속기 사이에 모터를 삽입하는 방식이다. 내연기관차처럼 엔진으로 주행을 할 수 있고, 모터를 활용해 저속이나 짧은 거리 구동도 가능하다. 시속 35km 내외까지는 전기차처럼 움직일 수 있다. 운전 습관에 따라 연비를 큰 폭으로 향상할 수 있다.

(다) 특히 기존 12V 납산 배터리 대신 48V 리튬이온 배터리를 탑재해 전압을 올린 48V 마일드 하이브리드 시스템은 혼합 하이브리드 형태로, 여러 완성차 기업으로부터 큰 사랑을 받는다. 48V 마일드 하이브리드는 전압을 높여 12V보다 높은 수준으로 엔진을 보조한다. 덕분에 에어컨 등 공조 기능부터 전자기기 수준으로 전자화된 자동차의 다양한 스마트 시스템을 엔진 동력 개입을 최소화해 운용할 수 있다.

(라) 혼합 하이브리드는 직렬과 병렬 2개 하이브리드를 합친 형태다. 엔진 1개에 모터를 2개를 사용하는데, 직렬처럼 발전하는 용도의 모터와 병렬의 구동용 모터를 모두 탑재해 고른 장점을 보유한다. 다만 혼합 하이브리드는 직렬 하이브리드처럼 별도 설계를 필요로 해 일반 내연기관차로 적용이 어렵다. 캠리 등 토요타의 하이브리드차가 대표적인 혼합 하이브리드차다.

① (가)-(다)-(라)-(나)
② (가)-(라)-(다)-(나)
③ (나)-(가)-(다)-(라)
④ (나)-(라)-(가)-(다)
⑤ (라)-(나)-(가)-(다)

04 다음 글의 내용과 일치하는 것을 고르면?

현재 세계 각국은 온실가스 배출과 화석에너지 사용을 줄이기 위해 다양한 노력을 펼치고 있다. 우리나라 역시 저탄소 녹색성장 정책 아래 이 같은 움직임에 동참하고 있으나 아직까지 가시적인 성과는 없는 실정이다. 특히 건물에너지는 온실가스 배출과 에너지 사용에서 가장 큰 부분을 차지하고 있어 건물에너지 사용량을 줄이기 위한 종합적이고 장기적인 대책이 필요하다.

건물에너지 소비저감 정책 분야에서 선진 도시들은 장기전략을 수립하여 정책을 시행 중이다. 베를린의 경우 21세기 중반까지 에너지 소비의 50%를 재생에너지가 분담하는 것을 목표로 다양한 사업을 추진 중이다. 런던은 에너지혁신 시범사업지구를 지정하여 도시재생사업과 에너지 저감 정책을 함께 추진하고 있다. 뉴욕의 경우는 에너지 연구개발기구를 통해 강력한 공공·민간 협력을 바탕으로 에너지 소비 혁신을 이끌고 있다. 또한 세계의 여러 지자체에서는 제로에너지타운의 확산을 위해 다양한 시범사업을 시행하고 모델사례를 구축하고 있다.

건물에너지 소비저감을 통해 저탄소 도시를 만들기 위해서는 제로에너지와 같은 뚜렷한 목표를 설정하고 에너지 통합관리체계를 구축할 필요가 있다. 이를 위해서는 첫째, 현재의 친환경 주거단지 계획을 강화하여 제로에너지 시범사업을 시행해야 한다. 둘째, 에너지관리공단, 건물에너지효율인증센터 등 별도의 에너지 통합관리기구를 마련하여 건물에너지 효율 기관과 정책 사업을 일관성 있게 추진해야 한다. 셋째, 건물에너지 소비저감 정책을 객관적으로 평가할 수 있는 평가모델을 구축하고 전문인력을 양성해야 한다.

① 베를린은 에너지혁신 시범사업지구를 지정하여 건물에너지 소비저감 정책을 시행하고 있다.
② 에너지 통합관리체계를 구축함으로써 건물에너지 소비저감을 통한 저탄소 도시를 만들 수 있다.
③ 런던은 건물에너지 소비저감 정책을 객관적으로 평가할 수 있는 평가모델을 구축하고 전문인력을 양성하고 있다.
④ 우리나라는 온실가스 배출과 화석에너지 사용을 줄이기 위해 녹색성장 정책을 펼쳐 가시적인 성과를 거두고 있다.
⑤ 친환경 주거단지에 제로에너지 시범사업을 시행할 때 강력한 공공·민간 협력을 바탕으로 해야 에너지 소비 혁신을 이끌 수 있다.

우리의 신체는 눈만이 빛을 인식하고 받아들일 수 있게 진화해 왔다. 그래서 눈이 손상되거나 다른 이유로 기능을 잃게 되면, 우리는 그 즉시 빛 한 점 없는 어둠 속에 갇히게 된다. 하지만 눈 자체가 세상을 인식하는 것은 아니다. 눈동자를 지나 눈알 안쪽으로 파고든 빛은 망막의 시각 세포에 의해 전기적 신호로 변환된다. 그리고 이 신호가 시신경을 통해 눈의 반대편, 즉 뒤통수 쪽에 위치한 뇌의 시각 피질로 들어가야만 우리가 비로소 세상을 '본다'고 느낀다.

시각 피질은 단일한 부위가 아니라 현재 밝혀진 것만 약 30개의 영역으로 구성된 복합적인 영역이다. 시각 정보를 가장 먼저 받아들이고 물체의 기본적인 이미지인 선과 경계, 모서리를 구분하는 V1, V2 영역을 비롯하여 형태를 구성하는 V3, 색을 담당하는 V4, 운동을 감지하는 V5, 그리고 이 밖의 다른 영역이 조합되어 종합적으로 사물을 인지한다.

이들은 각각 따로따로 의미 있는 존재가 아니다. 여러 개의 악기가 모여 각자가 정확한 순간에 정확한 음을 연주해야 제대로 된 음악을 전할 수 있는 오케스트라처럼, 모든 영역이 각자의 역할에 맞게 일시에 조율되어야 세상을 바라볼 수 있다. 같은 피아니스트가 같은 곡을 동일하게 연주해도 피아노 건반이 몇 개 사라지거나 음이 제대로 조율되지 않으면 결과물이 달라지는 것처럼, 우리의 눈이 같은 것을 보더라도 시각 피질의 각 영역이 제대로 조율되지 않으면 세상을 같게 볼 수 없다.

뇌의 많은 영역이 오로지 시각이라는 감각 하나에 배정되어 있음에도, 세상은 워낙 변화무쌍하기 때문에 눈으로 받아들이는 모든 정보를 뇌가 빠짐없이 처리하기는 어렵다. 그래서 뇌가 선택한 전략은 선택과 집중, 적당한 무시와 엄청난 융통성이다. 우리는 쥐의 꼬리만 봐도 벽 뒤에 숨은 쥐 전체의 모습을 그릴 수 있으며, 빨간색과 파란색의 스펙트럼만 봐도 그 색이 주는 이미지와 의미까지 읽어 낼 수 있다. 하지만 이것은 때와 장소, 현재의 관심 대상과 그 수준에 따라 달라진다. 앞에서 보았듯이 우리는 하나에 집중하면 다른 것은 눈에 뻔히 보여도 인식하지 못하고 지나칠 수 있다. 즉, 우리는 정말로 보고 싶은 것만 보고 보기 싫은 것에는 눈을 질끈 감는 것이다.

① 눈은 시각 정보를 수용하는 역할을 할 뿐, 이를 인식하는 것은 뇌의 역할이다.

② '본다'는 것은 눈동자, 망막, 시각 피질 등의 기관이 관련된 복합적인 행위이다.

③ 시각 피질의 각 영역은 각각의 기능이 있지만 이들이 따로 분리되어 기능하는 것은 아니다.

④ 뇌의 많은 영역이 시각에 배정되어 있지만, 눈으로 수용되는 모든 정보를 처리하기는 어렵다.

⑤ 인간의 뇌는 물체의 부분을 통해 전체를 파악할 수 있고, 시각적 정보의 다층적 의미를 언제나 이해할 수 있다.

덴마크의 삼소섬(Samso Island)은 주민들이 합심하여 재생에너지에 과감하게 투자하고 개발에 나섬으로써 탄소제로섬으로 탈바꿈시킨 대표적인 사례이다. 이 섬은 덴마크 중앙에 위치하고 있다. 동쪽 끝에 있는 수도 코펜하겐에서 서쪽 끝으로 한참 이동해 페리선을 타면 약 2시간 정도면 삼소섬에 닿을 수 있다. 삼소섬의 면적은 114㎢로서 우리나라 안면도와 비슷한 크기이다. 섬 인구수는 약 4,000명이며, 이 중 66세 이상 노인 인구가 20% 이상을 차지하고, 덴마크 평균소득보다 20% 이상 낮은 낙후된 섬이었다.

이러한 삼소섬의 개발은 정부주도의 개발계획이 아닌 농부들이 대부분인 섬 주민들의 폭넓은 참여를 기반으로 추진했다. (㉠) 더 큰 의미가 있다. 섬 주민들은 개인·협동조합 형태로 섬 개발에 투자했고, 투자수익을 창출했을 뿐 아니라 낙후된 섬을 세계에서 아주 유명한 섬 중 하나로 만들게 되었다. 이로 인한 관광수입 등 부수적 효과 창출도 크다.

우리나라에서도 주민참여형 재생에너지 비즈니스 모델이 속속 도입되고 있다. 태백 가덕산 풍력은 국내 최초의 육상풍력 주민참여형 이익공유 사업이다. 이 사업은 민·관·공 상생 협업형 사업으로 설계되어 지역의 천연자원인 바람과 땅을 활용하는 풍력사업을 통해 지역민에게 실질적인 이익이 환원된다. (㉡) 지역경제 활성화 기여 등 지역사회 이익공유형 사업모델을 제시하고 있다. 발전소 주변 지역 주민이 직접 투자하고 이익을 배분받아 주민 수용성을 높이는 한편, 발전소에서 발생한 이익은 지역 복지사업에 투자해 경제효과가 발생하는 선순환 효과가 나타나고 있는 것이다. 태백 가덕산 풍력 1단계 사업은 3.6MW 발전기 12기를 설치해 총 43.2MW규모로 지난해 6월 완공되었다.

창출된 수익은 마을기업을 통해 마을 전체에 분배될 예정이다. 지역주민들의 생업인 농업과 임업 지원을 위한 농기구와 비료 구매, 창고시설 구축, 마을 공동시설 개·보수, 장학금, 건강복지 지원 등 다양한 분야에 이익이 공유된다. (㉢) 태백시민펀드를 개설해 태백시에 거주하는 주민들은 향후 20년간 8.2%대 금리 펀드로 투자수익을 얻을 수 있다. 발전소 인근 주민 외에도 해당 사업지가 속한 지자체 경제에도 효과가 확산되고 있는 것이다.

삼소섬과 태백 가덕산 풍력 사례는 탄소중립으로 가는 열차를 타고 있는 우리에게 많은 시사점을 주고 있다. 탄소중립은 주민참여가 기반이 되어야 한다는 것이다. 탄소중립을 위한 에너지전환을 단지 화석연료를 재생에너지로 바꾸는 물리적 개념으로만 생각해서는 요원할 뿐이다. 지역주민들이 재생에너지를 이해하고, 적용하고, 생활화하는 단계까지 가야만 재생에너지 확산이 가능해진다. 이를 위해서는 주민들이 참여할 수 있는 장이 마련되어야 하며, 이는 주민중심적인 사업모델 설계와 부단한 소통이 중심에 있다.

	㉠	㉡	㉢
①	따라서	그리고	또한
②	따라서	또한	하지만
③	또한	그리고	하지만
④	또한	하지만	따라서
⑤	하지만	그리고	따라서

세계적으로 기후 변화 현상이 일어나고 있다. 국내에서도 기후 환경 변화를 경험하고 있는데, 점점 고온다습해지는 현상이 일어나고 있다. 이처럼 전 세계의 기후가 변하고 있는 주요 이유는, 지구 온난화 현상 때문이라고 할 수 있다. 지구 온난화 현상을 전문으로 분석하는 '기후변화대응기관(CAT – Climate Action Tracker)'은 2016년 11월 기준으로 2100년에 지구의 온도가 2.8도 상승할 가능성이 클 것이라는 전망치를 내놓았다.

일반적으로 지구 온난화의 주범으로 이산화탄소와 같은 온실가스 배출을 보고 있다. 온실가스의 경우 주로 에너지를 생산할 때 발생하는데, 지구 온난화로 인한 기후변화를 막기 위해서는 에너지 사용을 줄이는 것이 중요하다. 그리고 온실가스를 배출하는 화석연료 에너지를 청정에너지로 대체하는 것도 중요하다. 그런데 문제는 에너지 사용량이 계속 증가하고 있다는 것이다. 이러한 에너지 수요 증가는 신재생에너지 발전원으로 대체하는 것보다 그 양이 훨씬 크다.

결국, 신재생에너지원으로 대체하더라도 화석연료 에너지원 사용 감소에 영향을 미치지 않아서 지구 온난화는 계속 진행될 것으로 보인다. 지구 온난화 진행을 최소화하기 위해서는 화석연료 에너지 사용을 줄이고, 신재생에너지 사용을 더욱 확대해야 한다. 말은 쉬운데, 실행하기는 어려워 보인다. 그런데 빅데이터를 에너지 산업에 접목하면, 이를 실현할 수 있다. 빅데이터를 활용하면 화석연료 에너지 수요를 줄이고, 신재생에너지 사용 비중을 높일 수 있기 때문이다. 에너지 분야에서 빅데이터는 수많은 데이터를 빠르게 분석해 가시적인 정보를 제공하는 역할을 한다.

그렇다면 빅데이터는 에너지 수요를 줄이는 데에 어떤 도움을 줄 수 있을까? 사용자에게 합리적인 정보를 제공함으로써 사용량을 줄이도록 유도할 수 있다. 빅데이터를 활용해 에너지 사용량을 분석하고, 사용자에게 에너지 사용량을 인지시켜 낭비되는 부분을 자발적으로 줄이도록 유도하는 것이다. 에너지 사용량 가시화와 에너지 절감률을 분석하는 연구에서는, 기존 대비 5~15%가량 절감되는 효과가 보이는 것으로 드러났다. 즉 빅데이터는 에너지 사용량을 분석하고 이를 가시화함으로써 사용량 절감을 유도하는 것이다.

또한 신재생에너지에 적합한 지리를 추천하는 데에 빅데이터를 활용할 수 있다. 기후적으로 변화는 있지만, 풍력, 일사량, 열 등 생산 원천이 풍부한 곳이 있다. 이러한 곳은 기후가 변하더라도 최소한으로 생산하는 에너지양이 크다. 따라서 적합한 지리를 찾아서 신재생에너지 설비를 구축한다면, 활용률과 안정성을 높일 수 있다. 이 외에도 기후, 발전원 상황 등의 정보를 기반으로 에너지 생산 패턴을 추출한 후, 신재생에너지 발전원의 에너지 생산량을 예측하여 공급의 안정성을 높일 수 있다. 신재생에너지의 공급 변동을 예측만 할 수 있다면 에너지 공급 및 수요를 조절하여 대응할 수 있기 때문에 안정성을 높일 수 있다.

① 에너지 분야에 빅데이터 기술이 활용되면 농작물 생산 분야에서 가장 큰 혜택을 받게 되겠군.
② 신재생에너지 발전에 빅데이터를 활용함으로써 에너지의 사용과 수요의 증가를 둔화시킬 수 있겠군.
③ 빅데이터를 통해 화석연료 에너지의 사용량을 금지시킴으로써 지구의 온도가 상승하지 못하게 할 수 있겠군.
④ 신재생에너지 공급량을 늘리기 위해서는 에너지 공급이 안정되어야 하는데 빅데이터 기술의 발전으로는 불가능하겠군.
⑤ 에너지 분야에서 빅데이터 활용과 관련한 연구가 지속된다면 지구 온난화 문제의 해결 방법으로 활용할 수 있겠군.

08 다음 글의 표제와 부제로 가장 적절한 것을 고르면?

음악에서는 시간이 중요하다. 음악은 시간의 경과에 따라 진행되기 때문이다. 전통적 음악에서는 시간이 한 방향으로 진행되었다. 이러한 시간의 흐름은 선적인 것으로 어떤 목적을 향해 한 방향으로 흐른다는 점에서 목적론적 시간성으로 일컬어진다. 그런데 20세기에 들어 음악미학에 급격한 변화가 나타나면서 목적론적 시간성에서 벗어난 음악들이 나타나기 시작했다.

치머만은 과거, 현재, 미래가 우주적 차원에서는 연속성을 띠며 진행하지만 정신적 차원에서는 그렇지 않다는 생각에 이르러, 시간을 '공' 모양을 하고 있는 것으로 인식했다. 이는 시간이 선적인 진행에서 벗어나 과거, 현재, 미래의 순서가 달라질 수 있으며, 또한 동시적으로 진행될 수 있다는 것을 의미하였다. 이처럼 시간의 여러 시점(時點)들이 동시적으로 존재한다는 치머만의 생각은 그가 다원적 사고를 추구했음을 보여 준다. 그는 하나의 시간 대신 여러 개의 시간 층을 병치시켜 복합적인 시간성을 드러냈다.

20세기 현대 음악에서 새로운 차원의 시간성을 보여 주는 또 한 명의 인물은 케이지이다. 그는 음악의 시간성 측면에서 전통적 개념을 송두리째 흔드는 새롭고 흥미진진한 시도를 보여 주었다. 그의 대표작 '4분 33초'에서 연주자는 무대에 등장하여 4분 33초라는 시간 동안 한 음도 연주하지 않는다. 그동안 그 시간은 예기치 않은 관객들의 기침 소리, 종이 만지는 소리, 웅성거리는 소리 등 다양한 소리들로 채워진다. 이러한 방식을 통해 그는 작가의 의도나 목적에 의해 구조화된 시간성, 박자 구조에 따라 나타난 음악의 예측 가능한 시간성이라는 전통적 의미의 시간성을 부정하는 '우연성의 음악'을 구현하였다. 이는 음악의 시간이 전통적 음악에서처럼 음악가의 논리적 조정을 통해서만 구성되지는 않게 되었음을 의미한다.

케이지는 그의 작품에서 유일하게 한 번만 존재하는 음악의 시간성을 표현했다. 이러한 그의 음악은 비의도적이려는 의도 외에는 아무 의도 없이 만든 음악으로, 완성보다는 과정에 치중하는 비결정성을 띠는 것이었다. 비결정성을 띠는 음악은 예측할 수 없기 때문에 필연적으로 실험적이며, 똑같이 반복될 수 없기 때문에 필연적으로 유일하다. 지금까지 음악을 시간의 연속성으로 이해했다면, 이제 그 연속성은 완전히 뒤죽박죽되었다. 음악의 시간성이 작품의 구조와 관련이 있는 만큼, 그의 음악에서는 전통적 시간성이 무너졌다고 볼 수 있다.

① 시간과 공간을 반영한 음악—치머만과 케이지의 음악을 중심으로
② 목적론성 시간성을 반영한 음악—20세기 음악과 작곡법을 중심으로
③ 목적론성 시간성을 반영한 음악—치머만과 케이지의 음악을 중심으로
④ 목적론성 시간성을 벗어난 음악—20세기 음악과 작곡법을 중심으로
⑤ 목적론성 시간성을 벗어난 음악—치머만과 케이지의 음악을 중심으로

최근 전기차용 배터리 가격이 오르고 있다. 배터리 가격은 계속 하락 추세였다. 그러나 요즘에는 대량 생산에 따른 규모의 경제 효과보다는, 대량 생산에 따른 원재료 수급 불안이 더 커지고 있다. 원가가 올라 나타나는 가격 상승 효과가 더 큰 것이다.

자동차용 배터리 가격이 하락을 멈추고 상승 전환한다는 것은 중요한 의미를 갖는다. 탄산리튬이나 코발트, 니켈 등 배터리의 주요 원재료들이 흔한 원자재가 아니기 때문에 앞으로도 배터리 가격은 지금보다 더 오를 가능성이 높다. 전기차 보급 속도가 계속 빨라질 전망이기 때문이다.

리튬이온 배터리팩 가격은 2010년만 해도 KWh당 1,200달러를 웃돌았으나 작년엔 10분의 1수준인 132달러까지 떨어졌다. 올해 배터리 가격은 KWh당 135달러로 소폭 상승할 것으로 예상되고 있다. 실제로 탄산리튬 가격은 최근 톤당 26만 1,500위안으로 1년 전과 비교해 다섯 배 이상 올랐다. 코발트 가격은 1년 만에 두 배로 올랐고 니켈 가격도 지난 한 달 새 12%나 오르면서 10년 만에 최고 가격을 기록하고 있다.

배터리 원료 가격이 계속 오르기 시작하면서 배터리팩 가격이 오르면 전기차 가격도 오를 수밖에 없다. 그러다 보면 우리나라와 배터리의 원재료가 다른, 중국이 주로 만들어 쓰는 인산철 배터리가 시장의 주력 상품으로 떠오를 수 있다. 니켈, 코발트, 리튬 등의 원재료로 만드는 삼원계 배터리가 주력인 우리나라 배터리 회사들이 인산철 배터리 시장에 진출하려는 이유도 거기에 있다.

우리나라의 배터리 회사들은 배터리 전문 제조 업체들이어서 자동차 회사들이 배터리를 사줘야 한다. 우리나라의 배터리 제조 기술이 후발 주자들과 격차를 벌려놓은 상태여서 현재 우리나라 배터리에 대한 수요가 많은 상황이지만 중국이 먼저 진출한 인산철 배터리로 시장의 중심이 옮겨지게 될 경우 선발주자의 이점이 사라질 수 있다.

① 중국의 인산철 배터리가 삼원계 배터리보다 성능이 좋다.
② 탄산리튬, 코발트, 니켈 가격은 시간이 지나면 가격이 떨어질 것이다.
③ 우리나라는 세계 배터리 시장에서 인산철 배터리의 주요 생산국인 중국을 견제하고 있다.
④ 배터리 가격 상승에 대응하는 방안으로는 전기차의 보급을 막아 버리는 것이 있다.
⑤ 우리나라가 배터리 시장에서 우위를 점하는 방법은 배터리 회사가 전기차를 개발하는 것이다.

10 다음 [조건]과 같이 A와 B가 각각 40분 동안 이동하였을 때, A와 B가 이동한 거리의 합을 고르면?

┤ 조건 ├
- A는 0.5m/s의 일정한 속도로 걷는다.
- B는 집에서부터 자전거로 2m/s의 일정한 속도로 가다가, 출발한 지 10분 뒤에 집에 물건을 놓고 왔다는 것을 깨닫고 4m/s의 일정한 속도로 집으로 돌아갔다가 다시 4m/s의 일정한 속도로 이동했다.

① 6km   ② 7.2km   ③ 7.8km
④ 8.4km   ⑤ 9.6km

11 재무팀에서 설날 선물을 구매하려고 한다. 다음 [조건]에 따라 구매한다고 할 때, 구매할 수 있는 참치세트는 최대 몇 개인지 고르면?

┤ 조건 ├
- 올해 설날 선물 예산은 2,000만 원이다.
- 선물 단가는 햄세트 25,000원, 참치세트 20,000원이다.
- 햄세트는 기업 단체구매 프로모션으로 200개 이상 구매 시 5% 할인이 적용된다. 할인을 적용하여 구매하고 남은 금액으로는 예산 안에서 세트 종류 관계없이 추가 구매가 가능하다.
- 추가 구매를 진행하기 전에 참치세트는 햄세트의 3배만큼 구매한다.

① 650개   ② 680개   ③ 720개
④ 745개   ⑤ 790개

12 회계팀의 회의실 배정 [조건]이 아래와 같을 때, 2개의 회의실에 배정되는 모든 경우의 수를 고르면?

┤ 조건 ├
- 회계팀 부서는 X부장, Y부장 총 2명, 과장 2명, 대리 3명, 사원 4명으로 구성되어 있다.
- 아침마다 각 수용인원이 6명인 회의실 A와 B에서 2그룹으로 나누어 회의를 한다.
- 회의실 A에는 X부장, 회의실 B에는 Y부장이 고정으로 배정되고 각 회의실에는 직급별로 최소 1명씩 배치된다.
- 회의실 A는 항상 수용인원을 꽉 채워야 한다.

① 24가지   ② 36가지   ③ 48가지
④ 60가지   ⑤ 120가지

13 A~D팀의 농구경기의 승률과 점수기준이 [조건]과 같을 때, A팀이 승점 3점을 얻을 확률을 고르면?

┤ 조건 ├
- A팀은 상대에 관계없이 이길 확률이 $\frac{1}{2}$이고, 비길 확률은 $\frac{1}{5}$이다.
- 승리할 경우 승점 2점, 비길 경우 승점 1점이고, 패배할 경우 1점이 차감된다.
- A~D 4개의 팀이 서로 한 번씩 경기를 한다.

① $\frac{173}{1,000}$ ② $\frac{213}{1,000}$ ③ $\frac{233}{1,000}$
④ $\frac{253}{1,000}$ ⑤ $\frac{293}{1,000}$

14 다음 [표]는 연도별 품질보증 현황에 관한 자료이다. 이에 대한 총평으로 옳지 <u>않은</u> 것을 [보기]에서 모두 고르면?

[표] 연도별 품질보증 현황

구분	품목 수(종)	금액(조 원)	비율
2006년	28,946	3.6	1.24
2007년	37,305	4.5	1.22
2008년	41,415	5.1	1.24
2009년	46,693	5.4	1.15
2010년	43,530	5.7	( )
2011년	42,388	5.6	1.33
2012년	41,764	5	1.19
2013년	48,622	5.7	1.16
2014년	39,659	6.3	1.58
2015년	38,312	6.9	1.82
2016년	33,077	6.8	2.06
2017년	27,534	6	2.14
2018년	25,962	6.9	2.65
2019년	26,606	6.5	2.41
2020년	21,311	6.4	( )

※ 비율 항목은 품목 수와 금액의 비율을 나타내며, 금액(조 원)/품목 수(만 종)로 산출한 수치임.

┤ 보기 ├

- 총 평 -

　　정부 품질보증 활동 대상은 방위사업청이 계약한 중앙조달군수품으로서 최근 10년간의 정부 품질보증 금액 규모는 연평균 6조 원 이상으로 집계된다. 1981년 창설 당시 전체 품질 보증 금액인 4,452억 원에서 ㉠약 13배 이상 성장한 수치이다. 품목 수로 보면 1981년 당시 약 1만 2,000종에서 2020년에는 21천 종으로 ㉡1.75배 성장했다. 또한, 2020년 품목 수 대비 금액의 비율은 2010년의 ㉢약 1.5배 증가했다.

　　국방기술품질원이 출범한 2006년 이후의 품질보증 현황을 보면 ㉣2009년까지 매년 꾸준히 증가하던 품목 수는 그다음 해부터 전년 대비 꾸준히 감소하였다. 금액의 경우, 2011~2012, 2016~2020년을 제외하고 매년 전년 대비 증가했다. 군의 현대화가 진척되면서 첨단 무기체계에 대한 품질보증 활동이 늘고 상대적으로 물자분야 품질보증은 감소했기 때문이다. ㉤품목 수 대비 금액의 비율의 전년 대비 증가율은 2018년이 2014년보다 높다.

① ㉠, ㉡
② ㉢, ㉤
③ ㉠, ㉢, ㉣
④ ㉡, ㉣, ㉤
⑤ ㉢, ㉣, ㉤

15 다음 [표]와 [그래프]는 평택항 물동량 처리 현황과 2020년 전국 주요 항만 물동량 처리 비교에 관한 자료이다. 이에 대한 설명으로 옳은 것만을 [보기]에서 모두 고르면?

[표] 평택항 물동량 처리 현황

구분	2016년	2017년	2018년	2019년	2020년
전체(천 톤)	112,948	112,491	115,147	113,201	106,845
컨테이너(천 TEU)	623	643	690	725	792
자동차(천 대)	1,337	1,287	1,440	1,523	1,260
여객 수(천 명)	435	482	452	624	40

[그래프1] 2020년 총물동량 처리 현황

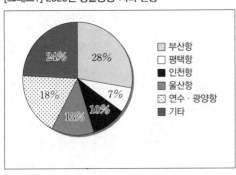

[그래프2] 2020년 컨테이너 물동량 처리 현황

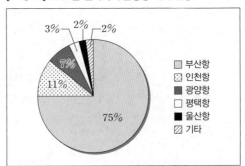

[그래프3] 2020년 자동차 물동량 처리 현황

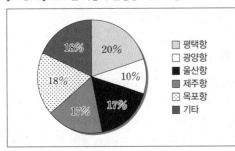

[그래프4] 2020년 여객 수송 실적 현황

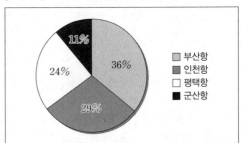

┤ 보기 ├

ⓐ 2017~2020년 평택항에서 처리한 컨테이너 물동량의 전년 대비 증가율은 각각 3% 이상 10% 미만의 범위에서 증가하였다.
ⓑ 2020년 부산항에서 처리한 총물동량은 4,273,800,000톤이다.
ⓒ 2020년 전국 항만에서 처리한 자동차는 63십만 대이다.
ⓓ 2020년 군산항의 여객 수송 실적이 a천 명이라면 인천항에서 처리한 컨테이너 물동량은 160a천 TEU이다.

① ㉠, ㉡   ② ㉠, ㉢   ③ ㉠, ㉢
④ ㉡, ㉢   ⑤ ㉡, ㉢

16 다음 [표]는 지역별 주택구입물량지수에 관한 자료이다. 이에 대한 설명으로 옳은 것만을 [보기]에서 모두 고르면?

[표] 지역별 주택구입물량지수

(단위: %)

구분	2014년	2015년	2016년	2017년	2018년	2019년	2020년
전국평균	62.5	61.7	60.4	58.7	62.4	65.6	56.9
서울	26.4	23.8	20.2	16.5	12.8	13.6	6.2
부산	59	56.8	48.3	48.7	56.6	66.1	57.3
대구	53.2	49.6	55.3	53.8	56.9	63.6	57.9
인천	69.4	62.3	57.8	52.9	59.8	65.2	60.4
광주	86	80.3	80.8	79.2	77.8	82.2	78.6
대전	77.2	81.4	79.7	73.1	76.6	69.3	53.9
울산	81.5	76.4	75.9	74.8	84.5	86.6	73.5
세종	—	—	—	—	—	—	15.4
경기	56.4	54.4	51.8	51.3	56	60.1	46.2
강원	91.5	93.8	87.6	85.5	93.1	97.2	94.5
충북	82.5	85.8	85.7	85.9	90.1	92	85.7
충남	87.9	91.8	91.7	92.3	92.7	92.6	89
전북	87.1	86.3	84.7	84.8	87.8	90.4	88.9
전남	96.5	95.5	93.4	88.2	89.7	93.1	90.2
경북	88	86.9	92.1	92.3	94.8	96.4	94.6
경남	78.7	79.5	79.5	82.8	87.3	91.2	85.8
제주	69.4	51.2	43.7	43.7	46.7	55.3	57.6

※ 주택구입물량지수(%)= $\dfrac{\text{중위소득 가구가 구입 가능한 주택 수}}{\text{전체 주택 수}} \times 100$

┤ 보기 ├

ㄱ 세종을 제외하고 2015~2020년 주택구입물량지수의 증감 방향이 전국평균과 일치하는 지역은 총 4개이다.
ㄴ 서울의 중위소득 가구가 구입 가능한 주택 수는 2020년까지 꾸준히 감소하였다.
ㄷ 2019년 부산과 인천의 전체 주택물량이 같다고 할 때, 2019년 부산의 중위소득 가구가 구입 가능한 주택물량은 인천의 1.1배 이상이다.
ㄹ 세종을 제외한 2014년 대비 2020년 주택구입물량지수가 증가한 지역의 주택구입물량지수의 중위값은 88.9%이다.

① ㄱ, ㄴ
② ㄱ, ㄹ
③ ㄴ, ㄷ
④ ㄴ, ㄹ
⑤ ㄷ, ㄹ

17 다음은 지방(유역)환경청의 연도별 뉴트리아 포획 총개체 수와 모니터링 지점에서 평균 상대밀도 변화와 모니터링 조사지점 수에 대한 자료이다. 이에 대한 설명으로 옳은 것을 고르면?

[그래프] 지방(유역)환경청의 연도별 뉴트리아 포획 총개체 수와 모니터링 지점에서 평균상대밀도 변화

(단위: 마리, 마리/백 m)

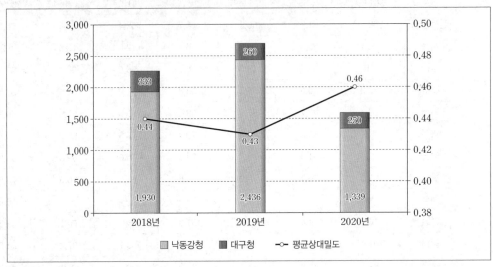

※ 1) 2020년 개체 수는 2020년 9월까지의 기록임.
　2) 뉴트리아 포획 총개체 수＝낙동강청 뉴트리아 포획 개체 수＋대구청 뉴트리아 포획 개체 수
　3) 뉴트리아 평균상대밀도(마리/백 m)＝$\dfrac{\text{뉴트리아 포획 총개체 수(마리)}}{\text{조사거리 총합(백 m)}}\times100$

[표] 뉴트리아 모니터링 조사지점 수

구분	2018년	2019년	2020년
100m당 조사지점 수	16개	7개	6개

① 2018년 조사지점 1개당 뉴트리아 포획 개체 수는 121마리이다.
② 뉴트리아 포획 조사거리 총합은 2018년 5,000m 이상, 2019년 6,000m 이상, 2020년 3,000m 이상이다.
③ 2018년 조사지점 1개당 평균 조사거리는 약 329m이다.
④ 2019년 조사지점 1개당 평균 조사거리는 2020년의 2배 이상이다.
⑤ 2020년 10~12월 매월 추가 포획되는 개체 수가 2020년 9월까지 월평균 포획 개체 수의 70%라고 하면 2020년 총포획 개체 수는 2,000마리 이상이다.

18 다음과 같은 결론을 도출하기 위해 '전제 2'에 들어갈 명제로 적절한 것을 고르면?

> - 전제 1: 운동을 많이 하는 사람은 감기에 잘 걸리지 않는다.
> - 전제 2: _____
> - 결론: 감기에 잘 걸리는 사람은 면역력이 약하다.

① 면역력이 약한 사람은 감기에 잘 걸린다.
② 운동을 많이 하는 사람은 면역력이 강하다.
③ 운동을 많이 하지 않는 사람은 면역력이 약하다.
④ 감기에 잘 걸리는 사람은 운동을 많이 하지 않는다.
⑤ 감기에 잘 걸리지 않는 사람은 면역력이 강하다.

19 아래 [보기]의 명제가 모두 참일 때, 도출할 수 있는 결론으로 적절하지 <u>않은</u> 것을 고르면?

> ┤보기├
> ㉠ 과일을 좋아하는 사람은 디저트를 좋아한다.
> ㉡ 고기를 좋아하는 사람은 디저트를 좋아하지 않는다.
> ㉢ 과일을 좋아하지 않는 사람은 빵을 좋아한다.
> ㉣ 생선을 좋아하지 않는 사람은 야채를 좋아한다.
> ㉤ 빵을 좋아하는 사람은 야채를 좋아하지 않는다.

① 빵을 좋아하지 않는 사람은 고기도 좋아하지 않는다.
② 과일을 좋아하지 않는 사람은 야채를 좋아한다.
③ 생선을 좋아하지 않는 사람은 과일을 좋아한다.
④ 디저트를 좋아하지 않는 사람은 생선을 좋아한다.
⑤ 야채를 좋아하는 사람은 디저트를 좋아한다.

다음 주어진 [조건]을 바탕으로 할 때, 항상 참이 될 수 <u>없는</u> 것을 고르면?

┤ 조건 ├

- 국제대회에 참여한 선수 A~E는 각각 한국, 미국, 일본, 영국, 독일 중 어느 한 곳의 국적을 가지고 있다.
- A는 1등을 하였다.
- C는 일본선수이다.
- D는 독일선수보다 순위가 높다.
- 한국 팀은 2등을 하였다.
- 3등을 한 것은 일본 팀이다.

① B가 독일선수라면 항상 A는 영국 또는 미국선수이다.
② D가 한국선수라면 항상 2등을 하였다.
③ D가 영국선수라면 A는 항상 미국선수이다.
④ A가 영국선수라면 D는 항상 미국선수이다.
⑤ B가 한국선수라면 독일선수는 항상 E이다.

21 국어, 영어, 수학, 사회, 과학 5가지 과목을 월요일부터 금요일까지 학습할 계획을 세웠다. 아래 [조건]을 고려하였을 때 항상 <u>거짓</u>인 것을 고르면?

> ┤ 조건 ├
> - 아침, 점심, 저녁으로 시간대를 나누어 어느 한 가지 과목을 중복되지 않게 학습한다.
> - 이틀 연속으로 같은 시간대에 같은 과목을 학습하지 않는다.
> - 월요일 점심에는 수학을 학습한다.
> - 화요일 점심과 목요일 점심에는 과학을 학습한다.
> - 영어는 월요일부터 금요일까지 매일 학습한다.
> - 영어를 학습하는 날의 이틀 후 같은 시간대에는 사회를 학습한다.
> - 과학을 학습하는 날 바로 전날 아침에는 국어를 학습한다.

① 금요일 아침에는 영어를 학습한다.
② 화요일 아침에는 영어를 학습한다.
③ 수요일 점심에는 영어를 학습한다.
④ 목요일 아침에는 사회를 학습하지 않는다.
⑤ 금요일 저녁에는 사회를 학습하지 않는다.

22 다음은 소상공인 방역지원금 시행 공고에 관한 자료이다. 이에 대한 설명으로 옳은 것을 고르면?

[소상공인 방역지원금] 시행 공고

1. 사업목적
코로나19 재확산으로 인한 방역조치 강화로 어려움을 겪고 있는 소상공인·소기업의 피해 회복 및 방역지원

2. 지원대상 및 지원금액
- 국세청 사업자등록 사업체(상시근로자 수 무관)
  (매출 규모) 매출액이 소기업(소상공인 포함)에 해당
  ※ 업종별 기준 매출액이 10~120억 원 이하(음식·숙박: 10억 원 이하, 도·소매: 50억 원 이하, 제조: 120억 원 이하 등)
  (개업일) 사업자등록증상 개업일이 '21. 12. 15. 이전
  (영업 중) '21. 12. 15. 기준 폐업 상태가 아닐 것
  ※ 방역지원금 발표시점('21. 12. 16.) 전날 개업자까지 지원 대상에 포함
  (지원 금액) 사업체당 100만 원 정액 지급

3. 지원 기준
(영업시간 제한) '21. 12. 18. 이후 중대본의 영업시간 제한 조치를 받은 소상공인·소기업
(일반 소상공인) '21. 12. 18. 이후 영업시간 제한을 받지 않았으나, 매출이 감소한 것으로 인정되는 소상공인·소기업으로서 다음 중 하나에 해당되는 사업체
- 버팀목자금플러스 또는 희망회복자금을 지급받은 사업체
- 버팀목자금플러스 또는 희망회복자금을 지급받지 않았으나 본 공고의 매출감소 기준을 충족하는 사업체

4. 다수 사업체·공동대표 지원방식
(다수사업체) 1인이 방역지원금 지원대상인 여러 사업체 운영 시, 개별 사업체당 100만 원씩 최대 4개 사업체까지 지원(최대 400만 원)
(공동대표) 대표자 중 1인에게만 지급

5. 지원방법 및 시기

대상	지급시기
영업시간 제한 중 사전 시설확인이 가능한 업체	'21. 12. 27.
일반 소상공인 중 버팀목플러스, 희망회복자금 기지급 업체	'22. 1. 6.~
영업시간 제한 시설 중 지자체 확인 등이 필요한 업체	'22. 1월 중~
일반 소상공인 중 버팀목플러스, 희망회복자금 미지급 업체	'22. 2월 초~
영업시간 제한 또는 일반 소상공인 중 증빙자료 확인이 필요하거나, 개업 등 사유로 지원이력이 없는 업체	확인지급('22. 1월 중~)

① 12월 16일에 폐업한 경우 지원금을 받을 수 없다.
② 매출액에 상응하여 지원 금액이 차등 지급된다.
③ 영업시간 제한 조치로 인해 매출이 감소한 소상공인과 소기업이 지원대상이다.
④ 2명의 대표가 공동으로 4개 사업체를 운영하고 있을 경우 최대 400만 원을 지원받을 수 있다.
⑤ 영업시간 제한 조치를 받은 사업체의 지원금을 우선적으로 지급한다.

23 다음 [표]는 3개 부처 X~Z의 인재선발인원 및 가중치, 전공적합점수, 지원자 A~F의 성적, 전공 및 지원 부처를 나타낸 것이다. 주어진 [조건]에 따라 선발하였을 때, Z부처에 선발된 지원자를 고르면?

[표1] 각 부처별 선발인원 및 가중치

부처	선발인원	가중치		
		연수원 성적	면접 성적	전공적합점수
X	2명	0.5	0.4	0.1
Y	2명	0.4	0.6	0.0
Z	2명	0.5	0.5	0.0

[표2] 전공적합점수

전공	경영	경제	행정	기타
점수	100점	100점	50점	0

[표3] 지원자 성적, 전공 및 지원 부처

지원자	연수원 성적	면접 성적	전공	지원 부처
A	70점	80점	법	X, Y
B	90점	60점	경영	X, Y
C	80점	80점	경제	Y, Z
D	70점	50점	행정	X, Z
E	90점	50점	경영	X, Z
F	70점	50점	경제	Y, Z

┤ 조건 ├
- 각 부처는 해당 부처에 지원한 지원자 중에서만 2명씩 선발함.
- X부처가 2명을 먼저 선발한 후 Y부처가 남은 지원자 중 2명을 선발하며, 마지막으로 Z부처가 남은 지원자 2명을 선발함.
- 각 부처는 지원자의 연수원 성적, 면접 성적, 전공적합점수에 가중치를 부여하여 계산한 점수의 합이 높은 지원자부터 순서대로 선발함. 예를 들어 X부처에 지원한 A지원자 점수의 합은 $70 \times 0.5 + 80 \times 0.4 + 0 \times 0.1 = 67$(점)임.

① C, D ② C, E ③ C, F
④ D, E ⑤ D, F

24 다음 자료를 바탕으로 [사례]에 해당하는 피해 배상액을 바르게 산정한 것을 고르면?

1. 층간소음 피해 범위와 기준(수인한도 소음)

구분	소음원	평가방법	수인한도		측정방법
			주간	야간	
직접충격 소음	뛰는 소리, 걷는 소리 등	최고소음도	55dB	50dB	신청인이 주장하는 피해시간을 감안 1~24시간 측정
		1분 등가소음도	40dB	35dB	
공기전달 소음	악기, 기구, 대화소음 등	5분 등가소음도	45dB	40dB	피해 장소에서 5분간 측정

2. 상황별 보정 조치

가. 건축물에 따른 보정

□ 아파트 및 주택 등은 건축물의 종류에 따라 3~5dB 완화 적용

구분	공동주택 ('05. 7. 1. 이전)	주상복합건물	연립, 다세대 주택	
			벽식 구조	라멘조
보정치	−3dB	−3dB	−5dB	−3dB

나. 행위의 특성에 따른 보정

구분	보정치	비고
고의적 발생	+3dB	인위적으로 과다한 소음을 발생시키는 행위
발생행위 반복	+2dB	민원 제기 후에도 지속적 발생
어린이 행위	−1dB	소음 원인자가 만 6세 이하의 어린이인 경우

3. 피해 배상액 산정

□ 초과소음도＝측정(평가)소음도−수인한도 소음도
□ 초과소음도는 최고소음도와 등가소음도 중 높은 값을 기준으로 하며 최고소음도(3회 이상)와 등가소음도가 모두 초과되는 경우에는 30% 이내를 가산
□ 주간과 야간 모두 수인한도를 초과하는 경우에는 30% 이내를 가산하며, 피신청인이 신청인의 세대보다 해당 주택에 먼저 입주한 경우에는 30% 이내를 감액
□ 피해자가 환자, 1세 미만 유아, 수험생 등의 경우에는 20%를 가산

[표] 피해기간에 따른 초과소음도별 피해 배상액 (단위: 천 원/인)

구분	0 이상 5dB 미만	5dB 이상 10dB 미만	10dB 이상 15dB 미만	15dB 이상
6월 이내	312	520	741	962
1년 이내	442	663	884	1,092
2년 이내	585	793	1,014	1,235
3년 이내	663	884	1,092	1,313

뭄을 만나는 최신 취업 트렌드, 에듀윌 공기업 월간NCS

문제가 발생한 주택은 1980년에 준공한 연립주택(라멘조)으로, 10개월 전 위층에 이사 온 5세 아동이 야간에 수시로 뛰어 대화와 공부, 수면을 방해하는 등 층간소음을 유발하였다.

피해 대상은 고 3 수험생 1명을 포함하여 총 4명이며 야간 1분 등가소음도는 40dB, 42dB이고 최고소음도는 52dB, 55dB, 53dB이다.

① 2,413,320원   ② 3,619,980원   ③ 4,826,640원

④ 5,252,520원   ⑤ 5,962,320원

비용은 직접비용과 간접비용으로 나뉜다. 직접비용은 간접비용에 상대되는 용어로서, 제품 생산 또는 서비스를 창출하기 위해 직접 소비된 것으로 여겨지는 비용을 말한다. 직접비용은 크게 5가지로 분류할 수 있다.

- **재료비**: 제품의 제조를 위하여 구매된 재료에 대하여 지출한 비용
- **원료와 장비**: 제품을 제조하는 과정에서 소모된 원료나 필요한 장비에 지출한 비용. 이 비용에는 실제 구매된 비용이나 혹은 임대한 비용을 모두 포함
- **시설비**: 제품을 효과적으로 제조하기 위한 목적으로 건설되거나 구매된 시설에 지출한 비용
- **여행(출장) 및 잡비**: 제품 생산 또는 서비스를 창출하기 위해 출장이나 타 지역으로의 이동이 필요한 경우와 기타 과제 수행상에서 발생하는 다양한 비용을 포함
- **인건비**: 제품 생산 또는 서비스 창출을 위한 업무를 수행하는 사람들에게 지급되는 비용. 계약에 의해 고용된 외부 인력에 대한 비용도 인건비에 포함. 일반적으로 인건비는 전체 비용 중 가장 큰 비중을 차지

반면 간접비용은 제품을 생산하거나 서비스를 창출하기 위해 소비된 비용 중에서 직접비용을 제외한 비용으로, 제품 생산에 직접 관련되지 않은 비용을 말한다. 간접비용은 과제에 따라 매우 다양하며, 과제가 수행되는 상황에 따라서도 다양하게 나타날 수 있다. 많은 사람들이 이처럼 간접비용을 정확하게 예측하지 못해 어려움을 겪는 경우가 많다. 간접비용의 예로는 보험료, 건물관리비, 광고비, 통신비, 사무비품비, 각종 공과금 등을 들 수 있다.

[표] A프로젝트 예산서

구분	금액	세목
인건비	58,200,000원	• 프로젝트 책임자(1명) : 2,500,000원×6월×1명＝15,000,000(원) • 프로젝트 조원(4명) : 1,800,000원×6월×4명＝43,200,000(원)
장비 및 재료비	10,000,000원	• 분석프로그램 구입비: 3,000,000원 • 컴퓨터 구입비: 2,000,000원 • 시제품 제작비: 5,000,000원
여비 및 조사비	2,000,000원	• 여비(국내 여비): 1,000,000원 • 인터뷰 사례비: 30,000원×20명＝600,000(원) • 인터뷰 경비: 20,000원×20명＝400,000(원)
광고비	18,000,000원	• K대행사 외주제작비: 10,000,000원 • S대행사 외주제작비: 8,000,000원
기타	6,500,000원	• 건물관리비: 1,000,000원×6월＝6,000,000(원) • 사무비품비: 500,000원

① 28,500,000원　　　② 30,000,000원　　　③ 68,200,000원
④ 68,700,000원　　　⑤ 70,200,000원

정답 및 해설

정답 및 해설

01	③	02	④	03	④	04	③
05	①	06	①	07	②		

01 문단 배열   정답 | ③

해설 주어진 글은 임철우의 「사평역」의 한 부분으로 학생이 제적을 당하고 교실에서 앉아서 회상을 하는 장면이다. 이 장면에서 가장 먼저 일어난 일은 학생이 제적에 관해 재판을 당하는 것이다. 따라서 ⓒ이 가장 먼저 나와야 한다. 그리고 나서 이 사실을 학생에게 통보했고, 그다음 해당 사실이 조간신문 귀퉁이에 실렸을 것이다. 왜냐하면 학생에게 통보한 날은 '바로 전 날 밤'이었고, 조간신문에 실린 날은 '이튿날'이기 때문이다. 그리고 이 신문을 보고 등교를 하는 것이 맥락상 자연스러우므로 ⓛ－ⓔ－ⓜ 순서로 연결되어야 하고 마지막으로 이 모든 것을 회상하고 있는 ㉠이 마지막에 연결되어야 한다. 따라서 ⓒ－ⓛ－ⓔ－ⓜ－㉠ 순서로 연결된 ③이 정답이다.

02 추론   정답 | ④

해설 토론에서는 자신의 주장을 뒷받침할 수 있는 자료를 활용할 수는 있지만 반드시 다양한 매체 자료를 활용해야 한다는 것은 이 글을 통해 추론할 수 없는 내용이다. 또 청자의 반응을 살피며 이야기를 하기보다는 주장과 근거를 정확히 밝히는 것이 중요하다. 참고로 다양한 매체 자료의 활용이나 청자의 반응 살피기는 강의에서 적합한 말하기 태도이므로 ④는 적절하지 않은 추론이다.

03 추론   정답 | ④

해설 3문단에 따르면 타협 효과는 시장에 두 가지 제품만 존재하는 상황에서 세 번째 제품이 추가될 때 속성이 중간 수준인 제품의 시장점유율이 높아지는 현상을 말하며, 이는 비교하고자 하는 속성의 중간 대안을 선택하여 자신의 결정을 합리화하려는 심리 때문이라고 하였다. 이는 소비자가 자신의 이익

을 극대화하기보다는 손실을 최소화하기 위한 심리에서 기인하는 것으로 볼 수 있다. 적당한 가격의 적당한 제품을 사는 것이 저렴한 가격의 질 나쁜 제품이나 질은 좋으나 고가의 가격을 사는 것보다 손실이 적게 느껴지기 때문이다. 따라서 타협 효과는 소비자가 손실보다는 이익에 더 민감한 반응을 보여주는 결과라는 것은 적절하지 않은 추론이다.

| 오답풀이 |

① 유인 효과나 타협 효과로 소비자가 특정 상품을 많이 선택했다면 이는 진정한 소비자의 선호도라기보다는 유도된 결과일 수도 있으므로 적절한 추론이다.

② 유인 효과나 타협 효과는 기존 제품만이 존재하는 시장에 어떤 상품이 비교 대상으로 등장했을 때, 소비자의 선택이 어떻게 변화하는지에 대해 설명한 것이다. 이때 비교 대상의 상품이 등장하는 것을 상황 맥락으로 볼 수 있으므로 적절한 추론이다.

③ 주어진 글에서 판매자가 가격이 싼 A와 가격의 비싼 B가 있는 상황에서 유인 대안으로 C를 제시했을 때, 판매자는 B를 많이 팔기 위해 C를 제시한 것이라 볼 수 있다. 즉 유인 효과는 판매자가 이미 팔 제품을 선택한 것이므로 적절한 추론이다.

⑤ 2문단에 따르면, 3,000원인 팝콘 '소'가 A, 7,000원인 팝콘 '대'를 B, 6,500원인 팝콘 '중'을 C로 볼 수 있다. 즉 C로 인해 B의 시장점유율이 상승한다고 하였으므로 팝콘 '대'의 판매율이 올라갈 것이라는 진술은 적절한 추론이다.

04 주제 찾기   정답 | ③

해설 주어진 글의 1문단은 공자의 '인' 사상을 설명하고 있고, 2문단은 이를 계승한 맹자의 '의' 사상을 설명하고 있다. 그리고 3문단은 '인' 사상을 바탕으로 하는 공자의 정치사상인 덕치주의와 정명론을 설명하고 있으며, 4문단은 공자의 정치사상을 계승한 맹자의 정치사상인 왕도정치를 설명하고 있다. 따라서 공자와 맹자의 정치사상의 공통점과 차이점을 설명하고 있으므로 가장 적절한 주제는 ③이다.

| 오답풀이 |

① 공자와 맹자의 정치사상의 변천에 관한 내용은 확인할 수 없으므로 적절하지 않다.

② 공자와 맹자의 정치사상의 특징을 설명하고 있지만 정치사상이 가지는 장점이나 단점을 구분하여 설명하고 있지 않으므로 적절하지 않다.

④ 공자와 맹자의 정치사상의 미래 지향적 계승이 주제가 되

려면 이들의 사상이 현대의 정치에 어떻게 계승되고 있는지에 대하여 언급되어야 하는데, 관련 내용을 확인할 수 없으므로 적절하지 않다.

05 내용 일치   정답 | ①

해설 3문단에 따르면 상당히 많은 물질은 액체 상태에서 냉각 속도를 충분히 높이면 어는점에서 결정화를 회피할 수 있고 액체의 구조적 무질서도가 그대로 동결되어 쉽게 유리를 만들 수 있다고 하였다. 즉 액체 상태에서 냉각 속도를 높여 유리를 만들 수 있는 물질은 상당히 많다고 볼 수 있으므로 적절하지 않은 진술이다.

| 오답풀이 |

② 3문단에 따르면 금속이나 대칭적인 모습의 원자·분자들은 결정으로 변하는 경향성이 매우 높아 냉각 속도를 극단적으로 높이지 않으면 유리를 만들기 힘들다. 일부 금속은 초당 백만~십억 도 정도의 엄청난 냉각률을 확보해야 간신히 유리가 되기도 한다고 하였으므로 적절한 진술이다.

③ 2문단에 따르면 물질을 구성하는 원자나 분자가 일정한 주기를 가지고 3차원상에서 규칙적으로 결합되고 배열되어 만드는 물질을 고체, 특히 결정이라 부른다고 하였으므로 적절한 진술이다.

④ 1문단에 따르면 액체를 이루는 원자나 분자들은 내부에서 끊임없이 위치와 방향을 바꾸며 자유롭게 움직여서 액체에 유동성을 부여한다고 하였으므로 적절한 진술이다.

⑤ 3문단에 따르면 고온에서 용융된 물질을 급랭해서 유리를 만드는 방법을 '고온용융법'이라 부르는데, 급랭에 의해 액체가 유리가 되는 과정은 액체 속 원자나 분자들의 불규칙한 운동을 슬로우 모션으로 보다가 결국 정지 사진으로 박제화하면서 그 자리에 고정시켜 버리는 과정처럼 묘사할 수 있다고 하였으므로 적절한 진술이다.

06 어휘(의미 관계)   정답 | ①

해설 왼쪽의 관계를 보면 '학교'의 가로축인 '학생'은 '학교'의 구성요소 중 하나이고 '학교'의 아래 두 칸은 '학교'의 하위 종류에 해당한다. 따라서 ㉠은 '영화'의 구성요소가 들어가야 하므로 '배우'가 들어가는 것이 가장 적절하다.

07 어휘(의미 관계)   정답 | ②

해설 '은하계'는 '은하를 이루고 있는 항성을 비롯

한 수많은 천체의 집단.'을 뜻하고, '태양계'는 '태양과 그것을 중심으로 공전하는 천체의 집합.'을 뜻하므로 전체와 부분의 관계를 나타낸다. 따라서 '시계'는 '시간을 재거나 시각을 나타내는 기계나 장치를 통틀어 이르는 말.'을 뜻하고, '시침'은 '시계에서, 시를 가리키는 짧은 바늘.'을 뜻하여 전체와 부분의 관계를 나타내므로 ②가 정답이다.

| 오답풀이 |

① '질책'은 '꾸짖어 나무람.'을 뜻하고, '칭찬'은 '좋은 점이나 착하고 훌륭한 일을 높이 평가함.'을 뜻하므로 반의 관계이다.

③ '어림'은 '대강 짐작으로 헤아림. 또는 그런 셈이나 짐작.'을 뜻하고, '대중'은 '대강 어림잡아 헤아림.'을 뜻하므로 유의 관계이다.

④ '여명'은 '희미하게 날이 밝아 오는 빛. 또는 그런 무렵.'을 뜻하고, '황혼'은 '해가 지고 어스름해질 때. 또는 그때의 어스름한 빛.'을 나타내므로 반의 관계이다.

⑤ '괄시'는 '업신여겨 하찮게 대함.'을 뜻하고, '홀대'는 '소홀히 대접함.'을 뜻하므로 유의 관계이다.

NCS 영역별 최신기출 _ 수리능력   P. 68

| 01 | ③ | 02 | ③ | 03 | ⑤ | 04 | ④ |
| 05 | ① | 06 | ① | 07 | ⑤ | 08 | ⑤ |

01 응용수리(집합)   정답 | ③

해설 A사업과 B사업만을 동시에 선호하는 사람을 n명이라고 하면, B사업과 C사업만을 동시에 선호하는 사람은 $11-(n+2)=9-n$(명), B사업만을 선호하는 사람은 $20-(n+5+9-n)=6$(명)이다. 이를 토대로 벤다이어그램을 작성하면 다음과 같다.

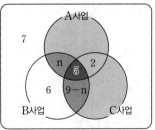

따라서 A사업 또는 C사업을 선호하는 사람은 색칠한 부분이므로, 전체에서 색칠한 부분만 구하면 $50-(6+7)=37$(명)이다.

02 응용수리(소금물의 농도)

정답 | ③

해설 • A컵 200g의 소금물에 들어있는 소금의 양은 $\frac{12}{100} \times 200 = 24(g)$이므로, C컵에 넣을 A컵 100g의 소금물에 들어있는 소금의 양은 $\frac{24}{2} = 12(g)$이다.

• B컵 250g의 소금물에 들어있는 소금의 양은 $\frac{8}{100} \times 250 = 20(g)$이므로, C컵에 넣을 B컵 100g의 소금물에 들어있는 소금의 양은 $\frac{20}{2.5} = 8(g)$이다.

따라서 C컵 250g에 들어있는 소금물의 농도는 $\frac{12+8}{100+100+50} \times 100 = 8(\%)$이다.

03 자료계산

정답 | ⑤

해설 2019년 퇴직연금을 중도인출한 사람은 $22,023 + 16,241 + 27,430 + 172 + 6,766 + 198 = 72,830$(명)이다.

2019년 전체 퇴직연금을 중도인출한 사람 중 78%는 남성이다. 즉, 2019년 전체 퇴직연금을 중도인출한 사람 중 남성은 $72,830 \times 78\% = 72,830 \times 0.78 = 56,807.4$(명)이고, 2019년 퇴직연금을 중도인출한 여성은 $72,830 - 56,807.4 = 16,022.6$(명)이다. 2019년 임차보증을 이유로 퇴직연금을 중도인출한 여성은 2019년 퇴직연금을 중도인출한 여성의 30%를 차지한다. 즉, 2019년 임차보증을 이유로 퇴직연금을 중도인출한 여성은 $16,022.6 \times 0.3 = 4,806.78$(명)이다.

2020년 퇴직연금을 중도인출한 사람은 $29,231 + 15,966 + 16,403 + 202 + 6,908 + 430 = 69,140$(명)이다.

2020년 임차보증을 이유로 퇴직연금을 중도인출한 여성은 2020년 퇴직연금을 중도인출한 사람 전체의 7%를 차지한다. 즉, 2020년 임차보증을 이유로 퇴직연금을 중도인출한 여성은 $69,140 \times 0.07 = 4,839.8$(명)이다.

2020년 임차보증을 이유로 퇴직연금을 중도인출한 여성 수는 전년보다 $4,839.8 - 4,806.78 = 33.02$(명) 증가하였다. 이때 2019년부터 2021년까지 임차보증을 이유로 퇴직연금을 중도인출한 여성 수는 매년 같은 수만큼 증가하였다. 즉, 2021년 임차보증을 이

유로 퇴직연금을 중도인출한 여성 수는 $4,839.8 + 33.02 = 4,872.82$(명)이다.

04 자료변환

정답 | ④

해설 2018년 대비 2020년 매출액규모별 배달앱 이용자 1인당 연간 평균 이용 비용 증가액은 다음과 같다.

5천만 원 미만	$187,796 - 309,276 = -121,480$(원)
5천만 원 이상 1억 원 미만	$233,843 - 165,671 = 68,172$(원)
1억 원 이상 5억 원 미만	$382,626 - 249,841 = 132,785$(원)
5억 원 이상	$492,249 - 472,088 = 20,161$(원)

즉 그래프에서 '1억 원 이상 5억 원 미만'일 때의 증가액이 잘못 표기되어 있다.

| **오답풀이** |

③ 2020년 서울 대비 지역별 배달앱 이용자 1인당 연간 평균 이용 비용의 비는 다음과 같다.

서울권	1
수도권	$\frac{397,013}{370,048} \fallingdotseq 1.1$
충청권	$\frac{460,393}{370,048} \fallingdotseq 1.2$
호남권	$\frac{233,607}{370,048} \fallingdotseq 0.6$
경남권	$\frac{311,116}{370,048} \fallingdotseq 0.8$
경북권	$\frac{263,121}{370,048} \fallingdotseq 0.7$

⑤ 2019년과 2020년 프랜차이즈의 전년 대비 증감액은 각각 $345,950 - 272,511 = 73,439$(원), $382,144 - 345,950 = 36,194$(원)이다. 2019년과 2020년 비프랜차이즈의 전년 대비 증감액은 각각 $287,838 - 222,154 = 65,684$(원), $328,639 - 287,838 = 40,801$(원)이다.

05 자료이해

정답 | ①

해설 ㉠ 자생생물종 중 곤충이 차지하는 비중은 2015년에 $\frac{16,447}{45,295} \times 100 \fallingdotseq 36.3(\%)$, 2020년에 $\frac{19,250}{54,426} \times 100 \fallingdotseq 35.4(\%)$이다. 따라서 비중은 감소했다.

ⓒ 2016~2020년 동안 무척추동물(곤충제외)의 전년 대비 증가량이 두 번째로 작은 해는 2016년(337종 증가)이고, 전년 대비 전체 자생생물종의 증가율은 2016년에 $\frac{47,003-45,295}{45,295} \times 100 ≒ 3.8(\%)$, 2019년에 $\frac{52,628-50,827}{50,827} \times 100 ≒ 3.5(\%)$이다. 따라서 2019년보다 크다.

ⓒ 조사기간 동안 매년 식물은 척추동물의 약 2.7배로 2.5배 이상이다.

06 자료이해　　　　　　　　　　정답 | ①

해설 [조건]을 정리하면 다음과 같다.

• 2015년에는 (라)가 가장 적으므로 (라)는 원생생물이 아니다.

• 2016~2020년 동안 전년 대비 증가량이 서로 동일한 해가 있는 경우는 (다)가 2019년과 2020년에 145종으로 동일하고, (라)가 2017년과 2018년에 370종으로 동일하다. 그러므로 조류는 (다) 또는 (라)이다.

• 2016~2020년 기간의 전년 대비 증가량 평균은

(가)가 $\frac{5,615-4,686}{5} = 185.8$(종),

(나)가 $\frac{2,259-1,591}{5} = 133.6$(종),

(다)가 $\frac{6,303-5,725}{5} = 115.6$(종),

(라)가 $\frac{3,228-1,369}{5} = 371.8$(종)이다.

그러므로 원생생물은 (나) 또는 (다)이다.

• 2017년의 전년 대비 증가율은

(가)가 $\frac{5,056-4,840}{4,840} \times 100 ≒ 4.5(\%)$,

(나)가 $\frac{1,890-1,750}{1,750} \times 100 = 8.0(\%)$,

(다)가 $\frac{5,920-5,857}{5,857} \times 100 ≒ 1.1(\%)$,

(라)가 $\frac{2,079-1,709}{1,709} \times 100 ≒ 21.7(\%)$이다.

그러므로 증가율의 차이가 약 17%p인 것은 (가)와 (라)이므로 균류/지의류와 원핵생물은 각각 (가), (라) 중 하나이다.

균류/지의류와 원핵생물은 각각 (가), (라) 중 하나이므로 조류는 (다)이고 원생생물은 (나)이다. 이때 2015년에 원생생물은 원핵생물보다 많으므로 원핵생물은 (라), 균류/지의류는 (가)이다.

따라서 (가)~(라)는 순서대로 균류/지의류 – 원생생물 – 조류 – 원핵생물이다.

07 자료이해　　　　　　　　　　정답 | ⑤

해설 ⓒ 조사기간 동안 연평균 유방암 발생자 수는

$\frac{1,856+1,937+2,197+2,261+2,365+2,493}{6}$

$≒ 2,185$(십 명)$= 218.5$(백 명)이다.

ⓒ 모든 암 중 폐암 발생자 수가 차지하는 비중은 2014년에 $\frac{2,447}{22,073} \times 100 ≒ 11.1(\%)$, 2019년에 $\frac{2,996}{25,471} \times 100 ≒ 11.8(\%)$이다. 따라서 2014년 대비 2019년에 증가했다.

ⓔ 2015~2019년 동안 기타 암의 조사망률 전년 대비 증감 폭이 세 번째로 큰 해는 2018년(1.6명/십만 명)이고, 이때 기타 암 조발생률은 위암 조발생률의 $\frac{224.4}{57.1} ≒ 3.9$(배)이다.

ⓐ 2015~2019년 동안 모든 암에 대해, 사망자 수의 전년 대비 증감 폭이 두 번째로 큰 해는 2016년(133십 명), 발생자 수의 전년 대비 증감 폭이 두 번째로 큰 해는 2019년(1,086십 명)이다.

08 자료변환　　　　　　　　　　정답 | ⑤

해설 유방암 조발생률은 전년 대비 2015년에 1.4명/십만 명 증가, 2016년에 5명/십만 명 증가, 2017년에 1.1명/십만 명 증가, 2018년에 2명/십만 명 증가, 2019년에 2.5명/십만 명 증가했다.

① 2014년 모든 암 중 위암의 조사망률이 차지하는 비중은 $\frac{17.6}{151} \times 100 ≒ 11.7(\%)$, 대장암의 조사망률이 차지하는 비중은 $\frac{16.5}{151} \times 100 ≒ 10.9(\%)$이다.

② 기타 암 발생자 수는 전년 대비 2015년에 299십 명 감소, 2016년에 772십 명 증가, 2017년에 262십 명 증가, 2018년에 725십 명 증가, 2019년에 728십 명 증가했다.

③ 전년 대비 2019년의 자궁암 사망자 수의 증가율은 $\frac{134-127}{127} \times 100 ≒ 5.5(\%)$, 자궁암 발생자 수의 증가율은 $\frac{327-350}{350} \times 100 ≒ -6.6(\%)$이다.

④ 폐암과 간암 사망자 수의 차이는 2016년에 696십 명, 2017년에 726십 명, 2018년에 724십 명, 2019년에 798십 명이다.

→ I'도 성립한다. 즉, D가 참석하지 않으면 I는 참석한다.

NCS 영역별 최신기출 _ 문제해결능력   P. 77

01	④	02	④	03	①	04	②
05	③	06	①	07	③		

01 명제   정답 | ④

해설 [보기]의 두 명제의 일반적인 형태는 다음과 같은 벤다이어그램으로 나타낼 수 있다.

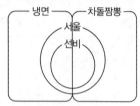

따라서 차돌짬뽕을 좋아하지 않는 선비는 모두 냉면을 좋아한다.

| 오답풀이 |
① 냉면을 좋아하는 사람 중에 선비가 아닌 사람도 있다.
② 냉면을 좋아하지 않는 사람 중에 선비인 사람도 있다.
③ 둘 중 하나를 좋아하므로 차돌짬뽕을 좋아하는 선비 중에는 냉면을 좋아하는 사람이 아무도 없다.

02 명제   정답 | ④

해설 [조건]의 명제들을 도식으로 나타내면 다음과 같다.

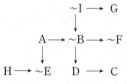

'A → ~B → D → C'가 성립하므로 대우명제인 '~C → ~D → B → ~A'도 성립한다. 즉, C가 참석하지 않으면 A도 참석하지 않는다.

| 오답풀이 |
① A와 H 사이에는 확정적인 관계가 없다.
② F와 C 사이에는 확정적인 관계가 없다.
③ '~I → ~B → D'가 성립하므로 대우명제인 '~D → B

03 조건추리   정답 | ①

해설 각 직급마다 김, 이, 박, 최 4명씩 총 12명이 숙박한다. 과장은 모두 혼자 숙박하고, 대리와 사원은 모두 2명씩 숙박하는데 같은 직급끼리는 같은 방에서 숙박하지 않으므로 대리와 사원끼리 짝을 지어 숙박한다.
김 대리는 201호에 숙박하고, 이 과장, 박 과장, 박 대리, 최 대리, 김 사원, 최 사원은 1층에 숙박한다. 이 과장의 양 옆방에는 최 씨 성을 가진 직원이 숙박하므로, 이 과장은 102호 또는 103호에 숙박한다. 이 과장이 102호에 숙박할 경우 박 과장은 104호에, 이 과장이 103호에 숙박할 경우 박 과장은 101호에 숙박해야 한다. 그런데 박 과장의 바로 위층에는 박 씨 성을 가진 박 사원이 숙박해야 하는데, 박 과장이 101호에 숙박하여 박 사원이 201호에 숙박할 경우, 2층의 이 대리와 이 사원은 같은 방에 숙박해야 한다. 그런데 같은 성씨끼리는 같은 방에 숙박하지 않으므로 모순이 발생한다. 즉, 박 과장은 반드시 104호에 숙박해야 하므로 이 과장은 102호, 박 사원은 204호에 숙박해야 한다. 이를 정리하면 다음과 같다.

201호	202호	203호	204호
김 대리			박 사원

101호	102호	103호	104호
최	이 과장	최	박 과장

같은 직급끼리는 같은 방에 숙박할 수 없으므로 2층의 이 대리는 204호, 이 사원은 201호에 숙박한다. 202호와 203호에는 김 과장과 최 과장이 모두 숙박할 수 있다. 한편 같은 직급끼리는 같은 방에서 숙박하지 않으므로 1층의 최 대리는 김 사원과, 최 사원은 박 대리와 같은 방에 숙박한다. 따라서 가능한 경우는 다음과 같다.

201호	202호	203호	204호
김 대리 이 사원	김 과장 ↔ 최 과장		박 사원 이 대리

101호	102호	103호	104호
최 대리 김 사원	이 과장	최 사원 박 대리	박 과장

교환가능

따라서 박 대리는 항상 최 사원과 같은 방에 숙박하므로 정답은 ①이다.

| 오답풀이 |
② 이 과장의 바로 위층에 최 과장이 숙박할 수도 있다.
③ 김 사원의 바로 위층에 최 과장이 숙박할 수도 있다.
④ 김 과장 또는 최 과장의 바로 아래층에 이 과장이 숙박한다.

04 문제해결능력　　　정답 | ②

해설　본부를 시작으로 5곳을 모두 들른다고 하였을 때 최단 거리로 이동하기 위해서는 시작점을 기준으로 이동 거리가 짧은 순서로 이동해야 한다. 가장 먼저 본부에서 이동 거리가 가장 짧은 곳은 D은행(7km)이다. D은행에서 업무를 마친 뒤 다음 은행으로 이동할 때 이동 거리가 가장 짧은 곳은 본부를 제외한 C은행(8km)이다. C은행에서 최단 거리로 이동할 수 있는 곳은 E은행(18km)이며, E은행과 가장 가까운 곳은 A은행(14km)이다. 마지막으로 A은행에서 이동 거리가 가장 짧은 B은행(11km)을 마지막으로 지역 은행 5곳을 모두 들르게 된다. 이에 따라 본부에서 D은행을 가장 먼저 방문했을 때 이동 거리의 합은 $7+8+18+14+11=58$(km)이다.
본부에서 이동 거리가 두 번째로 짧은 곳은 B은행이고, 이때 B은행에서 A은행, A은행에서 D은행, D은행에서 C은행으로 이동할 때 이동 거리가 가장 짧고, 마지막으로 C은행에서 남은 E은행으로 이동한다. 이때의 이동 거리 합은 $10+11+9+8+18=56$(km)이다.
본부에서 E은행, A은행, C은행 각각으로 이동하여 마지막 방문 은행까지의 이동 거리의 합은 58km로 56km보다 길므로 제외한다.
따라서 본부를 시작으로 이동 거리의 합이 가장 짧은 경우는 본부에서 B은행으로 이동할 때이므로 최단 거리는 56km이고, 이때의 최소 시간은 5개의 은행의 예산 점검 업무 소요 시간 총 5시간과 1분당 1km를 이동할 때의 소요 시간 56분을 합한 5시간 56분이다.

05 문제처리능력　　　정답 | ③

해설　8월은 기본요금 910원 구간이며, 9월은 기본요금 1,600원 구간이다. 8월과 9월의 기본요금+전력량요금은 다음과 같다.
• 8월: $910+88.3×300=27,400$(원)

• 9월: $1,600+88.3×200+182.9×100=37,550$(원)
따라서 두 값의 차이는 $37,550-27,400=10,150$(원)이다.

06 문제해결능력　　　정답 | ①

해설　취미 활동별 순위 및 그에 따른 점수와 합산 점수는 다음과 같다. (↓) 표시가 있는 평가 항목은 낮거나 짧을수록, (↑) 표시가 있는 평가 항목은 높을수록 순위가 높다. 이를 정리하면 다음과 같다.

구분	가격 (↓)	난도 (↓)	수업 만족도 (↑)	교육 효과 (↑)	소요 시간 (↓)	합산 점수
요가	2위 → 4점	2위 → 4점	3위 → 3점	1위 → 5점	1위 → 5점	21점
댄스 스포츠	1위 → 5점	1위 → 5점	3위 → 3점	4위 → 2점	1위 → 5점	20점
요리	4위 → 2점	2위 → 4점	1위 → 5점	3위 → 3점	4위 → 2점	16점
캘리그래피	4위 → 2점	4위 → 2점	3위 → 3점	4위 → 2점	1위 → 5점	14점
코딩	3위 → 3점	5위 → 1점	2위 → 4점	1위 → 5점	5위 → 1점	14점

따라서 서 대리는 합산 점수가 21점으로 가장 높은 요가 수업을 듣는다.

07 문제해결능력　　　정답 | ③

해설　새로운 가격, 소요 시간에 대한 순위 및 그에 따른 점수와 나머지 세 항목(난이도, 수업 만족도, 교육 효과)의 기존 점수 합계, 그에 따른 새로운 합산 점수는 다음과 같다.

구분	요가	댄스 스포츠	요리	캘리그래피	코딩
가격(↓)	2위 → 4점	1위 → 5점	4위 → 2점	5위 → 1점	2위 → 4점
소요 시간(↓)	4위 → 2점	2위 → 4점	1위 → 5점	2위 → 4점	4위 → 2점
세 항목 기존 점수 합계	12점	10점	12점	7점	10점
합산 점수	18점	19점	19점	12점	16점

댄스 스포츠와 요리의 합산 점수가 19점으로 같으므로, 소요 시간 점수가 5점으로 더 높은 요리 수업을 듣는다. 변경 전 정보가 아닌 변경 후 정보를 활용해야 하는 것에 주의한다.

NCS 영역별 최신기출_그 외 영역   P. 84

01	③	02	③	03	②	04	④
05	⑤	06	④	07	②	08	③

01 자원관리능력   정답 | ③

해설 P를 경유하는 경우에는 Q와 R을 절대로 지나지 않는다. 그러나 Q를 경유하는 경우에는 R을 지날 수도 있고, R을 경유하는 경우에도 Q를 지날 수 있다. 따라서 Q를 경유하는 경우의 수와 R을 경유하는 경우의 수를 더하면 Q와 R을 모두 지나는 경우가 중복으로 계산되므로 이를 빼야 한다.

- P를 경유하는 경우의 수: $1 \times \dfrac{5!}{4!} = 5$(가지)
- Q를 경유하는 경우의 수: $\dfrac{4!}{2! \times 2!} \times \dfrac{4!}{2! \times 2!}$
  $= 6 \times 6 = 36$(가지)
- R을 경유하는 경우의 수: $\dfrac{6!}{4! \times 2!} \times 1$
  $= \dfrac{6 \times 5}{2} = 15$(가지)
- Q와 R을 모두 경유하는 경우의 수: $\dfrac{4!}{2! \times 2!}$
  $\times 1 \times 1 = 6$(가지)

따라서 구하고자 하는 경로의 수는 $5 + 36 + 15 - 6 = 50$(가지)이다.

02 자원관리능력(인적자원관리)   정답 | ③

해설 3월 18일은 금요일이므로 3월 3일부터 8일은 목요일부터 화요일이다. 유 부장과 정 과장은 스케줄이 있으므로 과장급 이상 중에서는 박 차장이 출장을 나가야 한다. 김 사원은 출장 기간 동안 연차이므로 출장을 나갈 수 없고, 권 인턴은 인턴이므로 출장을 나갈 수 없다. 따라서 송 대리와 성 주임 중 직급이 낮은 성 주임이 출장을 나간다.
출장을 나가는 사람은 박 차장, 성 주임이므로 정답은 ③이다.

03 자원관리능력(물적자원관리)   정답 | ②

해설 각 재료별로 필요한 양과 현재 양, 구매해야 하는 양을 표시하면 다음과 같다. 새우는 3인분으로 계산하고, 고추기름, 청양고추, 건고추는 절반씩만 필요하다는 것에 유의해야 한다.

재료	필요한 양	현재 양	구매량
면	$200 \times 2.5 = 500(g)$	800g	0g
오징어	$60 \times 2.5 = 150(g)$	240g	0g
돼지고기	$100 \times 2.5 = 250(g)$	500g	0g
새우	$40 \times 3 = 120(g)$	0g	120g
양파	$60 \times 2.5 = 150(g)$	100g	0g (절반 이상 있음)
고추기름	$20 \times 2.5 \times 0.5 = 25(g)$	100g	0g
청양고추	$10 \times 2.5 \times 0.5 = 12.5(g)$	15g	0g
건고추	$8 \times 2.5 \times 0.5 = 10(g)$	0g	10g
대파	$10 \times 2.5 = 25(g)$	20g	0g (절반 이상 있음)
마늘	$10 \times 2.5 = 25(g)$	5g	20g

따라서 구매해야 하는 식재료의 총비용은 $120 \times 100 + 10 \times 20 + 20 \times 7 = 12,340$(원)이다.

04 자원관리능력(예산관리)   정답 | ④

해설 15명이 회의를 해야 하므로 KTX 3, 7은 예약할 수 없다. 5시간을 예약해야 하므로, 기본시간 2시간에 추가로 3시간을 예약해야 한다. KTX 3, 7을 제외한 나머지 회의실을 5시간 예약했을 때의 사용료는 다음과 같다.

- 대회의실: $360,000 + 180,000 \times 3 = 900,000$(원)
- KTX 별실: $400,000 + 200,000 \times 3 = 1,000,000$(원)
- KTX 2: $136,000 + 44,000 \times 3 = 268,000$(원)
- KTX 6: $110,000 + 55,000 \times 3 = 275,000$(원)

따라서 제일 저렴한 KTX 2를 예약해야 하며, 이때 회의실 사용료는 268,000원이다.

05 정보능력   정답 | ⑤

해설 SUMPRODUCT 함수는 '곱하여 더하는' 배열함수이다. 입력식은 '=SUMPRODUCT(영역1, 영역2)'와 같다. 영역1 범위와 영역2 범위에서 같은 행에 해당하는 두 셀의 값을 곱한 후 곱한 모든 값을 더하여 결괏값을 도출하게 된다. 따라서 E2~E9 셀까지의 거래금액을 모두 계산하여 합계를 구하는 방식을 한 번에 처리할 수 있는 것이 SUMPRODUCT 함수이며, 주어진 표에서는 '=SUMPRODUCT(C2:C9,D2:D9)'와 같이 입력해야 한다.

06 기술능력 정답 | ④

해설 토출구에서 뜨거운 바람이 발생된다고 하였으므로 마주보게 설치될 경우 공기 흡입 및 토출에 지장이 발생할 수 있으므로 고려사항으로 적절하지 않다.

| 오답풀이 |
① 실외기의 중량과 운전 시 발생되는 진동을 충분히 견딜 수 있는 곳에 설치해야 한다고 하였으므로 방진지지대를 사용하는 것이 적절하다.
② 실외기의 진동음이 기초지반에 전달되지 않도록 방진패드를 사용하는 것이 적절하다.
③ 설치 공간 부족 시, 통풍 및 서비스 작업 시 부상의 위험이 있으며, 제품 고장의 원인이 될 수도 있으므로 보수 및 점검을 위한 서비스 공간이 충분히 확보되는 장소에 설치되어야 한다.
⑤ 실외기의 진동 강도가 강할 경우, 실외기가 넘어져 사고의 위험이 있다는 점과 강풍이 불지 않는 장소에 설치해야 한다는 점으로 미루어 보아, 실외기가 기초지반에 단단히 고정되어야 할 것이므로 앵커볼트를 사용하는 것은 적절한 방법이라고 할 수 있다.

07 조직이해능력 정답 | ②

해설 사례1은 B백화점이 다른 경쟁업체가 하지 않는 독특한 전략을 선택함으로써 모든 고객에 대한 차별화를 시도한 것이 전력의 핵심이다. 따라서 이는 차별화 전략에 속한다.
사례2는 단거리 노선이라는 시장에 집중한 것으로 집중화 전략에 속한다. 단거리 노선에 집중하여 저가 정책을 통한 원가 절감을 도모한 것으로 판단되므로 특정 시장에 집중하여 원가우위 전략을 시도한 집중화 전략이다.

08 직업윤리 정답 | ③

해설 기업의 사회적 책임은 기업이 경제적 책임이나 법적 책임 외에도 폭넓은 사회적 책임을 적극 수행해야 한다는 것을 말한다. 이는 기업 경영방침의 윤리적 적정, 제품 생산 과정에서 환경파괴, 인권유린 등과 같은 비윤리적 행위의 여부, 국가와 지역사회에 대한 공헌 정도, 제품 결함에 대한 잘못의 인정과 보상 등을 내용으로 한다. 국제표준화기구(ISO)는 CSR을 표준화한 ISO26000의 국제규격을 제정한다고 공표했으며, CSR라운드라 불리는 이 규격은 환경경영, 정도(正道)경영, 사회공헌을 그 기준으로 정하고 있다.
이와 비슷한 용어로 CSV(공유가치창출)가 있으나, 둘은 극명한 차이가 있다. CSR은 선행을 통해 사회에 기업의 이윤을 환원하기 때문에 기업의 수익 추구와는 무관하다. 그러나 CSV는 기업의 비즈니스 기회와 지역사회의 니즈가 만나는 곳에 사업적 가치를 창출해 경제적, 사회적 이익을 모두 추구하는 것이다.
따라서 ③을 제외한 나머지는 기업의 이익 추구와 무관한 CSR의 사례이며, ③은 기업의 이익과 지역사회 니즈의 접점에서 이루어지는 CSV의 사례로 볼 수 있다.

01	⑤	02	③	03	②	04	④	05	③
06	④	07	③	08	④	09	①	10	④
11	②	12	②	13	①	14	④	15	③
16	④	17	②	18	③	19	①	20	①
21	②	22	②	23	②	24	④	25	②

01 어휘 · 어법   정답 | ⑤

해설 '줍다'는 모음으로 시작하는 어미 앞에서 끝소리 'ㅂ'이 탈락하는 'ㅂ' 불규칙 용언으로 '주워'가 어법상 올바른 표현이다.

| 오답풀이 |

① '푸다'는 모음으로 시작하는 어미 앞에서 어간의 끝음절 'ㅜ'가 탈락하여 '퍼'로 활용하는 '우' 불규칙 용언이다.

② '짓다'는 모음으로 시작하는 어미 앞에서 끝소리 'ㅅ'이 탈락하는 'ㅅ' 불규칙 용언이다.

③ '흐르다'는 어간의 끝음절 '르'가 모음으로 시작하는 어미 앞에서 'ㄹㄹ'로 바뀌는 '르' 불규칙 용언이다.

④ '누르다'는 '누르고, 누르니, 누르며'와 같이 규칙적인 활용도 하지만 모음으로 시작하는 어미 앞에서 '-어'가 '-러'로 바뀌는 '러' 불규칙 용언이다.

02 추론   정답 | ③

해설 1문단에서 인공지능과 사물인터넷이 적용된 카메라 기술이 개발되었음을 알 수 있고, 2~3문단에서 해당 기술이 다양한 분야에서 활용되고 있음을, 4문단에서 정부가 기술 고도화를 지원하게 됨을 알 수 있다. 따라서 정부의 지원으로 기술이 고도화되면 다양한 분야로 확대될 것이라고 추론할 수 있다.

| 오답풀이 |

① 1문단에서 주문 상품을 분류하는 과정에서 휴먼에러가 발생하여 주문서대로 상품이 정확하게 분류, 포장됐는지를 '확인'하는 기술이 개발된 것이므로, 휴먼에러 자체가 발생하지 않을 것이라는 반응은 적절하지 않다.

② 1문단에서 AI와 IoT가 적용된 카메라를 장착해 주문서대로 상품이 정확하게 분류, 포장되었는지 확인하는 기술이 개발되었음을 알 수 있지만, 결함을 발견하기 위한 추가적인 기술이 요구된다고 보기 어렵다.

④ 3문단에서 가축 전염병 확산을 막기 위한 플랫폼 기술이 개발되어 있음을 알 수 있으므로 이 기술의 진보가 필요하다는 반응은 적절하지 않다.

⑤ 1문단에서 휴먼에러가 발생하고 있어, 이를 극복하기 위해 AI와 IoT가 적용된 기술이 개발되었음을 알 수 있으므로 사람이 최종적으로 조정해야 하는 분야가 늘어날 것이라는 반응은 적절하지 않다.

03 빈칸 넣기   정답 | ②

해설 ㉠ 농업용 창고가 농업용 시설이 아니기 때문에 태양광 전수조사의 대상에 포함되지 않는다는 말을 이어주고 있으므로 '그래서' 혹은 '따라서'가 적절하다.

㉡ 정부의 발표에도 불구하고 전수조사가 이루어지지 않는다는 내용이 이어지고 있으므로 '그러나' 혹은 '하지만'이 적절하다.

㉢ 논란이 수그러들기 어려울 것으로 전망되기 때문에 농민들이 절차를 더 강화해야 한다는 주장으로 이어지고 있으므로 '그래서' 혹은 '따라서'가 적절하다.

04 내용일치   정답 | ④

해설 1문단에 따르면 미국의 12월 고용지표는 새 일자리가 한 달 전에 비해 19만 9천 개가 늘어나는 데 그쳐서 시장 예상치인 42만 2천 개에 크게 못 미쳤다고 하였고, 2문단에 따르면 일자리는 늘지 않는데 실업률은 낮다고 하였다. 즉 일자리는 예상보다는 적게 늘어났음을 알 수 있으므로 적절하지 않다.

| 오답풀이 |

①, ② 1문단과 3문단에 따르면 미국은 코로나19 상황의 악화로 근로자가 줄어들어 구인난을 겪고 있으며 이로 인해 임금이 상승하고 상승하는 임금 때문에 물가도 덩달아 상승하고 있는 추세임을 알 수 있으므로 적절하다.

③ 4문단에 따르면 미국 연준이 금리 인상을 통해 막으려는 것은 기대인플레이션임을 알 수 있다. 사람들이 물가가 보통 이 정도는 오르기 마련이라는 생각이 확산되면 그건 실제 물가를 올리고 인건비를 지속적으로 인상시키는 요인이 되기 때문이다. 따라서 적절한 진술이다.

⑤ 3문단에 따르면 미국의 물가는 상승된 임금으로 인해 오르기도 하고 상품 생산의 부진으로 인해 오르기도 한다고 하였으므로 적절하다.

05 주제 · 제목 찾기   정답 | ③

해설 1~2문단을 통해 거래비용의 관점에서 정부의 강제력에 대해 언급하고 있고, 3~5문단을 통해 거래비용의 관점에서 정부가 강제력을 행사해도 된다고 보는 영역들에 대해 제시하고 있으므로 '거래비용의 관점에서 바라보는 정부의 역할'은 글의 핵심 내용을 담은 주제로 볼 수 있다.

| 오답풀이 |
① 거래비용의 관점에 대해 소개하고 있지만 그 관점의 의의와 한계를 제시하고 있지 않으므로 주제로 보기 어렵다.
② 사회적 목표를 추구하는 영역의 유형을 공공재, 비대칭적 정보, 공공감시의 영역으로 설명하고 있지만 글의 핵심 내용을 포함하고 있지 않으므로 주제로 보기 어렵다.
④ 1문단에서 선택의 렌즈와 계약의 렌즈를 언급하고 있지만 이에 따른 경제학적 의의를 다루고 있지 않으므로 주제로 보기 어렵다.
⑤ 2문단에서 자유주의적 견해와 공익적 견해의 차이점에 대해 언급하고 있지만 공통점을 다루지 않았으며 글의 일부 내용만을 포함하고 있으므로 주제로 보기 어렵다.

06 문단배열   정답 | ④

해설 첫 문단에서 연료가 바뀌면 자동차가 굴러갈 것인지에 대한 의문을 제기하고 있으므로 자동차의 대체 연료에 관한 내용이 들어가야 한다. 두 번째 문단으로 제시된 (가)와 (다)를 비교해 보면 (다)에서 우선 대체 연료가 개발되고 있음을 제시하고 있으므로 첫 문단에 연결되는 것이 적절하다. 그리고 연료전지와 수소를 통해 석유로부터 벗어날 수 있는 것처럼 보이지만, 타이어라는 새로운 석유 화합물을 언급하며 반론을 제시하고 있는 (가)가 문맥상 연결되는 것이 자연스럽다. 다음으로 (나)와 (라)를 비교해 보면 (라)의 첫 문장에서 타이어에 대한 내용을 언급하며 석유를 원료로 하여 만들어지는 플라스틱에 대한 내용까지 이어가고 있으므로 (가) 뒤에 연결되어야 하고, 이렇듯 석유의 문제는 단순한 것이 아니므로 석유의 시대가 끝나지 않을 수 있다는 문제를 제기하며 글을 마무리하는 것이 문맥상 적절하므로 (나)가 연결되어야 한다. 따라서 '(다)-(가)-(라)-(나)'순으로 연결된 ④가 정답이다.

07 사례 찾기   정답 | ③

해설 4문단에서 물체를 보면서도 인지하지 못하는 경우를 '무주의 맹시'라고 보고 있음을 알 수 있고, 5문단에서 '무주의 맹시'는 평소에 주의 깊게 보지 않아서 인식하지 못했던 것을 뇌가 인지하게 되는

것과 관련이 있음을 알 수 있다. 운전하는 사람이 옆에 앉은 사람의 이야기를 다 듣고 이해한 것은 인지하지 못하는 상황인 무주의 맹시가 발생한 것이라고 볼 수 없다.

| 오답풀이 |
① 영화를 보면서 다른 생각을 하면 영화의 내용이 기억나지 않는다는 것은 실제로 영화를 봤으나 인지하지 못한 경우에 해당하므로 '무주의 맹시'의 사례로 볼 수 있다.
② 여자 친구와 헤어진 후에 유난히 행복한 연인들의 모습이 눈에 띈다는 것은 평소에는 행복한 연인들의 모습을 주의 깊게 보지 않다가 특정 상황에만 인지한 경우에 해당하므로 '무주의 맹시'의 사례로 볼 수 있다.
④ 전철에서 앉을 자리를 찾느라 친구가 손짓하며 부르는 것을 알아차리지 못하였다는 것은 친구가 손짓하며 부르는 것을 시각이 손상되어 보지 못한 것이 아니라 주의 깊게 보지 않아 인지하지 못한 경우에 해당하므로 '무주의 맹시'의 사례로 볼 수 있다.
⑤ 시골 할머니 댁에 다녀온 후, 전에는 눈에 띄지 않던 나이든 할머니, 할아버지의 모습이 눈에 들어온다는 것은 나이 든 할머니, 할아버지의 모습을 주의 깊게 보지 않다가 특정 상황에만 인지한 경우에 해당하므로 '무주의 맹시'의 사례로 볼 수 있다.

08 내용 일치   정답 | ④

해설 5문단에서 제도적 장애요인으로 전력판매 규제가 있음을 알 수 있다. 따라서 전력판매를 규제하면 블록체인 기반 전력거래서비스의 활성화를 도모하기 어려워지므로 적절하지 않다.

| 오답풀이 |
① 1문단에서 에너지 블록체인은 퍼블릭 블록체인의 기술적 한계성과 규제 때문에 프라이빗 블록체인 기반 서비스가 다수를 차지하고 있음을 알 수 있으므로 적절하다.
② 3문단에서 에너지 블록체인 도입에 기술적 장애요인으로 에너지 블록체인에 사용되고 있는 이더리움과 비트코인의 기술적 한계점을 들고 있으므로 적절하다.
③ 2문단에서 블록체인 기반 분산형 전력거래방식으로 전환되면 에너지 프로슈머의 역할이 더욱 커질 것이라 하였으므로 적절하다.
⑤ 4문단에서 전력거래시장이 비활성화되어 있는 상황에서는 전력 소비자나 전력 생산자가 얻을 수 있는 경제적 유인이 적다고 하였으므로 적절하다.

09 빈칸 넣기　　　　　정답 | ①

해설 주어진 글은 집단극화 현상에 대해 설명하고 있다. 따라서 빈칸에는 집단극화 현상이 어떠한 현상인지 정리해 주는 내용이 들어가야 한다. 빈칸 뒤의 문단들을 살펴보면 다음과 같다. 2문단에서는 집단 구성에서 타인보다 자신의 의견을 더 극단화해서 밝힌다는 사회비교 이론을 제시하고 있다. 3문단에서는 집단 의견의 방향과 일치하면서 그럴듯한 주장이 제시되면 극단의 의견이 더 설득적이라 생각하게 되어 결과적으로 집단의 결정이 양극의 하나로 정해진다는 설득주장 이론을 제시하고 있다. 마지막으로 4문단에서는 내집단 구성원 간의 의견차는 극소화되지만 외집단과 내집단의 차이는 극대화된다는 사회정체성 이론을 제시하고 있다. 이 세 가지의 이론에서 공통적인 부분은 바로 집단에서 의견이 점점 극단화된다는 것이다. 따라서 집단극화를 설명한 내용으로는 집단의 최초 의견이 점점 극단화된다는 내용의 ①이 들어가는 것이 가장 적절하다.

| 오답풀이 |

② 집단의 최초 의견이 모험적인 경우는 덜 모험적인 방향으로, 보수적인 경향이었다면 덜 모험적인 경향으로 결정되는 것은 극단화와 정반대의 개념이다.

③ 집단의 최초 의견이 모험적인 경우는 더 보수적인 방향으로, 보수적인 경향이었다면 더 모험적인 경향으로 결정된다는 내용은 글을 통해 확인할 수 없다. 주어진 글을 통해서는 대부분 집단의 의견과 동조되기 마련이라는 내용만을 확인할 수 있다.

④, ⑤ 집단 내의 권력이 센 사람의 의견이나 다수의 의견에 따라 어떻게 결정되는지는 주어진 글을 통해서는 알 수 없다.

10 수추리　　　　　정답 | ④

해설 규칙은 다음과 같다.
앞의 숫자에 2의 배수에 홀수 번째는 홀수만큼 더해 주고 짝수 번째는 짝수만큼 빼 준다.

$$4 \times 2 + 1 \quad 9 \times 2 - 2 \quad 16 \times 2 + 3 \quad (35 \times 2 - 4) \quad 66 \times 2 + 5 \quad 137 \times 2 - 6$$

따라서 "?"에 들어갈 숫자는 $35 \times 2 - 4 = 66$이다.

11 응용수리(소금물의 농도)　　　　　정답 | ②

해설 A소금물 180g의 소금의 양은 $\frac{10}{100} \times 180 =$

18(g)이다. B소금물 300g의 소금의 양은 $\frac{x}{100}$
$\times 300 = 3x$(g)이다.

A에 소금 20g을 섞은 후 A의 절반은 소금물
$\frac{180 + 20}{2} = 100$(g)이고, 100g 소금물 안에 소금의

양은 $\frac{18 + 20}{2} = 19$(g)이다. 이와 B를 섞은 결과물

이 C소금물이고, C의 농도가 10%라면, $\frac{19 + 3x}{100 + 300}$

$\times 100 = 10$의 방정식이 성립하므로 $x = 7$이다.
따라서 B소금물의 농도는 7%이다.

12 응용수리(방정식)　　　　　정답 | ③

해설 작년 남학생과 여학생 수를 각각 A, B로 놓고 식을 세우면 다음과 같다.
A+B=920　　　　　… ㉠
0.02B-0.05A=-18　　… ㉡
㉠, ㉡을 연립하여 풀면 A=520, B=400이다.
따라서 작년 여학생 수는 400명이다.

13 응용수리(방정식)　　　　　정답 | ①

해설 A, B제품 생산개수를 각각 a, b라고 하면, 다음과 같은 식이 성립한다.
$2a + 3b = 180$　　　　… ㉠
$5a + 4b = 345$　　　　… ㉡
㉠, ㉡을 연립하여 풀면 $a = 45$, $b = 30$이다.
제품 1개당 판매이익은 A제품이 판매가의 20%이므로 $15,000 \times 0.2 = 3,000$(원), B제품이 판매가의 30%이므로 $25,000 \times 0.3 = 7,500$(원)이다.
따라서 A, B제품의 하루 판매이익은 $3,000 \times 45 + 7,500 \times 30 = 360,000$(원)이다.

14 자료이해　　　　　정답 | ④

해설 디자인산업 규모의 전년 대비 증가량은 2015년에 128백억 원, 2016년에 126백억 원, 2017년에 64백억 원, 2018년에 31백억 원, 2019년에 43백억 원이다. 따라서 2019년에는 전년 대비 증가했다.

| 오답풀이 |

① 2014년 대비 2019년 일반기업고용 디자이너 수의 증가량은 26,608－23,098＝3,510(십 명), 디자인 전문회사 종사자 수의 증가량은 2,528－2,135＝393(십 명)이다.

따라서 3,510−393=3,117(십 명)=31,170(명) 더 많다.

② 디자인의 경제적 가치의 전년 대비 증가율은 2017년에 $\frac{11,739-10,384}{10,384} \times 100 ≒ 13.0(\%)$, 2018년에 $\frac{12,434-11,739}{11,739} \times 100 ≒ 5.9(\%)$이다. 따라서 2017년 이 2018년의 $\frac{13.0}{5.9} ≒ 2.2(배)$이다.

③ 2018년의 디자인 전문회사 수를 x라고 하면, 다음과 같은 식이 성립한다.

$\frac{626-x}{x} \times 100 = 12 \rightarrow x ≒ 559$

따라서 560십개 사 이하이다.

⑤ 2015~2019년 동안 디자인 활용기업 수의 전년 대비 증가량이 가장 작은 해는 2017년(735십개 사 증가). 디자인 활용률의 전년 대비 증감 폭이 가장 큰 해도 2017년(18.4%p 증가)이다.

15 자료이해 정답 | ③

해설 2021년 2/4분기 화학제품 전체의 전년 동분기 대비 국내공급 지수의 증가율은 $\frac{120.4-105.2}{105.2} \times 100 ≒ 14.4(\%)$이다.

| 오답풀이 |

① 2020년 기계장비 국내공급 지수는 국산과 수입 모두 전년 대비 증가하였다.

② 2020년 기타운송장비 전체의 전년 대비 국내공급 지수 증가율 $= \frac{189.6-188.5}{188.5} \times 100 ≒ 0.6(\%)$이고, 2020년 기타운송장비 수입의 전년 대비 국내공급 지수 증가율 $= \frac{87.2-86.7}{86.7} \times 100 ≒ 0.6(\%)$이므로 두 지수 증가율은 서로 같다.

④ 2021년 3/4분기 1차 금속 수입의 전년 동분기 대비 국내공급 지수의 증가율은 $\frac{96.4-68.4}{68.4} \times 100 ≒ 40.9(\%)$이고, 국산이 $\frac{98.1-94.2}{94.2} \times 100 ≒ 4.1(\%)$이므로 10배 이하이다.

⑤ 2021년 3/4분기에서 전년 동분기 대비 감소한 업종은 기타운송장비뿐이고, 기타운송장비 전체는 전년 동분기 대비 $\frac{172.2-117.3}{172.2} \times 100 = 31.9(\%)$, 즉 30% 이상 감소하였다.

16 자료이해 정답 | ④

해설 전체 1차 에너지 중 석유가 차지하는 비중은 2018년에 $\frac{1,185}{3,074} \times 100 ≒ 38.5(\%)$, 2019년에

$\frac{1,173}{3,030} \times 100 ≒ 38.7(\%)$이다. 따라서 2019년에 전년 대비 증가했다.

| 오답풀이 |

① 2016~2020년 동안 에너지원별로 1차 에너지가 전년 대비 모두 증가한 해는 없다.

② 석유는 원자력의 2015년에 약 3.1배, 2016년에 약 3.4배, 2017년에 약 3.8배, 2018년에 약 4.2배, 2019년에 약 3.8배, 2020년에 약 3.2배이다. 따라서 2017, 2018, 2019년 3개년이다.

③ 2017년 실질 GDP의 전년 대비 증가율은 $\frac{1,761-1,707}{1,707} \times 100 ≒ 3.2(\%)$이다.

⑤ 2016~2020년 동안 신재생 및 기타의 연평균 증가량은 $\frac{190-128}{5} = 12.4(십만 TOE)$이다.

17 자료계산 정답 | ②

해설 • 2015년 GDP 대비 전체 1차 에너지 공급량 : $\frac{2,869(십만\,TOE)}{1,658(조\,원)} = \frac{2,869(백\,TOE)}{1,658(십억\,원)} = \frac{286,900(TOE)}{1,658(십억\,원)} ≒ 173.0(TOE/십억\,원)$

• 2020년 GDP 대비 전체 1차 에너지 공급량 : $\frac{2,920(십만\,TOE)}{1,837(조\,원)} = \frac{2,920(백\,TOE)}{1,837(십억\,원)} = \frac{292,000(TOE)}{1,837(십억\,원)} ≒ 159.0(TOE/십억\,원)$

따라서 2020년 GDP 대비 1차 에너지 공급량은 2015년 대비 $\frac{173.0-159.0}{173.0} \times 100 ≒ 8(\%)$ 감소했다.

18 명제추리 정답 | ③

해설 주어진 명제를 기호화하면, 첫 번째 명제는 '생선 → 가로줄무늬'이고, 두 번째 명제는 '~생선 → 육지'이다. 두 번째 명제의 대우명제는 '~육지 → 생선'이므로, 삼단논법에 의해 '~육지 → 생선 → 가로줄무늬'가 성립한다. 즉 '~육지 → 가로줄무늬'의 대우명제인 '~가로줄무늬 → 육지'가 항상 참이 되므로 ③이 정답이다.

19 명제추리 정답 | ①

해설 ①을 전제2로 세우고 전제1과 전제2를 벤다이어그램으로 나타내면 다음과 같다.

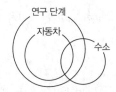

이는 항상 결론을 만족하므로 정답은 ①이다.

| 오답풀이 |

② 다음과 같이 결론을 만족하지 않는 반례가 존재한다.

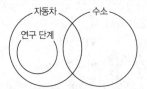

③ 다음과 같이 결론을 만족하지 않는 반례가 존재한다.

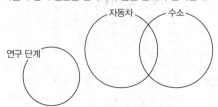

④, ⑤ 다음과 같이 결론을 만족하지 않는 반례가 존재한다.

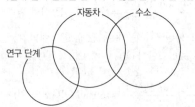

20 조건추리

정답 | ①

해설 C는 앞에서 세 번째에 서 있으므로 다음과 같이 C의 위치는 3이다.

1	2	3	4	5	6	7	8
		C					

B는 중간보다 앞쪽에 서 있으므로 1, 2, 4 중 한 곳에 서 있는데, B 바로 앞에는 G가 서 있어야 하므로 G는 1, B는 2이다.

1	2	3	4	5	6	7	8
G	B	C					

한편 D는 E보다 앞에, E는 A와 F보다 앞에, A는 H보다 앞에 서 있으므로 D는 4, E는 5이며, 나머지 6, 7, 8은 다음과 같은 3가지 경우가 가능하다.

1	2	3	4	5	6	7	8
G	B	C	D	E	A	H	F
					A	F	H
					F	A	H

따라서 반드시 옳은 것은 ①이다.

| 오답풀이 |

② 가장 뒤에는 F가 서 있을 수도 있다.

③ 앞에서 두 번째에는 B가 서 있다.

④ E 바로 뒤에는 A가 서 있을 수도 있다.

⑤ A는 앞에서 일곱 번째일 수도 있다.

21 조건추리

정답 | ②

해설 이러한 유형의 문제의 경우 경우의 수를 따져 정답을 도출해야 하므로 경우의 수를 최소화하는 것이 가장 효율적이다.

대화를 나누고 있는 5명 중 정수와 기태의 진술은 두 진술이 동시에 성립할 수 없는 모순관계로 하나가 참이면 다른 하나는 반드시 거짓이 된다.

문제에서 진실을 말하고 있는 것은 단 한 명으로, 이러한 경우 확인할 수 있는 경우의 수는 정수의 진술이 참인 경우, 기태의 진술이 참인 경우 단 2가지로 경우의 수를 따져 보면 아래와 같다.

구분	정수	명희	기태	희정	유진
정수 (참)			1등		
명희 (거짓)		1등			
기태 (거짓)			1등		
희정 (거짓)	1등 아님				
유진 (거짓)					1등 아님

구분	정수	명희	기태	희정	유진
정수 (거짓)			1등 아님		
명희 (거짓)		1등			

			1등 아님	
기태 (참)			1등 아님	
희정 (거짓)	1등 아님			
유진 (거짓)				1등 아님

정수의 진술을 참으로 볼 경우 1등이 두 명 발생하게 되므로 올바른 답이 될 수 없으나 기태의 진술을 참으로 놓을 경우 명희가 1등이 되어 문제의 조건을 충족하게 된다. 따라서 참을 말하고 있는 것은 기태이며 이로 인해 1등은 명희임을 알 수 있다.

22 문제해결능력 정답 | ②

해설 건축물 에너지분야 전문가는 건축물의 현황을 확인할 때 육안조사를 통해 가능함을 알 수 있다.

| 오답풀이 |

① 현장확인을 위해 측정하는 장비는 공단에서 지원함을 알 수 있다.
③ 에너지 성능평가는 ISO 13790 등 국제규격에 따라 제작된 프로그램을 사용하여 성능개선안을 도출할 수 있음을 알 수 있다.
④ 자문비는 공단 내부규정 및 엔지니어링노임단가 기준으로 할 수 있음을 알 수 있다.
⑤ 성과물은 현장확인 후 10일 안에 보고서를 제출해야 함을 알 수 있다.

23 문제해결능력 정답 | ②

해설 '공통자격요건'을 보면, 학력 및 성별, 연령제한 없으나 공단 인사규정 제48조(정년)에 따라 정년 초과자는 지원할 수 없다고 되어 있다. 그런데 시설물 관리원의 경우 정년이 만 60세이다. 따라서 만 59세인 사람은 시설물 관리원으로 지원할 수 있다.

| 오답풀이 |

① '모집분야 및 인원'을 보면 총 5개의 모집단위에서 각각 1명씩 뽑으므로 공무직은 총 5명을 뽑는다.
③ 시설물 청소원의 자격요건은 공통자격 요건만 충족하면 된다. 그런데 공통 자격 요건에 병역을 필하거나 면제되어야 한다고 되어 있다. 즉 병역을 이수하지 않은 20세 청년은 합격할 수 없다.
④ '근무조건'을 합격 후 수습 임용 기간 3개월을 근로한 후 소정의 평가를 거쳐 적격판정을 받아야 정규 임용 가능

하다.
⑤ '지원자격'을 보면 경기남부지사의 시설물 관리원으로 지원하는 사람은 전기기능사 이상의 국가자격증을 소지하고 있어야 한다. 가스산업기사 자격증은 가스기능사 이상의 자격증이므로 해당 자격증을 보유한 사람은 인천지역본부나 충남지사에 지원할 수 있다.

24 문제해결능력 정답 | ④

해설 2016년에 중소기업에 입사하여 70%의 감면을 받고 있었더라도 이와는 상관없이 2018년 귀속 소득분부터 90%의 감면을 적용받는다.

| 오답풀이 |

① 중소기업취업자에 대한 소득세 감면은 2012. 1. 1. 이후 취업하는 경우부터 적용되므로 그 이전에 미리 중소기업에 취업하여 계속 근무 중인 경우에는 감면을 적용받을 수 없다.
② 감면대상자가 경력단절여성인 경우 해당 중소기업의 최대주나 그와 특수관계인이 아니어야 하므로 남편이 대표자이면 감면을 받을 수 없다.
③ 소득세 감면을 적용받던 중 다른 중소기업체로 이직하는 경우 이직 당시의 연령에 관계없이 소득세를 감면받은 최초 취업일로부터 3년(5년)이 속하는 달까지 발생한 소득에 대하여 감면을 적용받는다.
⑤ 2013. 7. 10.에 입사한 33세 청년의 경우 당시엔 감면 요건을 미충족하여 대상이 아니지만, 새로 개정된 세법에 의해 취업한 지 5년이 경과하지 않은 청년의 2018년 귀속 소득부분부터 감면이 적용된다. 따라서 해당 청년의 경우 2018. 1. 1.~2018. 7. 31. 기간 동안 감면율 90%를 적용받을 수 있다.

25 문제처리능력 정답 | ②

해설 총급여에서 근로소득공제 금액을 제한 근로소득금액은 ③28,750,000원이며 이렇게 구해진 근로소득금액에서 소득공제 금액을 제한 금액은 ⑨ 24,078,040원이다.
과세표준 금액을 기준으로 [표2]에서 기본세율을 구하면 72만 원+(1,200만 원 초과금액의 15%)로 산출세액은 $720,000 + \{(24,078,040 - 12,000,000) \times 0.15\} = ⑩2,531,706$원이 된다.
중소기업 취업자 감면세액은 산출세액금액의 90%로 최대 받을 수 있는 금액은 150만 원이다. 즉, 산출세액의 90%는 2,278,535원으로 해당 청년은 최대금액인 ⑪1,500,000원을 세액공제받는다.

산출세액에서 세액공제액을 모두 합한 금액을 제한 값인 결정세액은 ⑮752,966원(2,531,706−1,500,000−278,740)이며 결정세액에서 ⑯기납부세액 1,442,520원을 제한 차가감 납부 세액은 ⑰−689,554원(752,966−1,442,520)이다.

따라서 해당 사례 대상자는 연말정산에서 689,554원을 환급받는다.

01	③	02	①	03	④	04	②	05	⑤
06	①	07	⑤	08	⑤	09	③	10	⑤
11	③	12	④	13	④	14	⑤	15	②
16	②	17	②	18	③	19	②	20	④
21	④	22	④	23	⑤	24	①	25	⑤

01 어휘 · 어법　　　　　정답 | ③

해설 (나)와 (다)를 보면 피동문의 행위에서 주체가 사물일 때 수단이나 처소를 나타내는 조사 '에, 으로'가 결합되는 것을 알 수 있다. 즉 사람일 때는 처소 부사격 조사가 붙지 않으므로 ③은 적절하지 않다.

| 오답풀이 |

① (가)는 접미사 '−이−, −히−, −리−, −기−'를 첨가하여 피동 표현을 만든 예이고 (나)는 '−지다'를 이용해 피동 표현을 만든 예이므로 적절하다.

② (나)를 보면 '만들다'의 경우는 접미사를 이용한 피동 표현 '만들렸다'는 만들 수 없으므로 적절하다.

④ (다)는 이중 피동문의 예이다. '보여진다'는 '보인다'로 '덮혀졌다'는 '덮혔다'로 수정해야 하므로 적절하다.

⑤ (라)의 '아이에게 그림책을 보였다'의 '보였다'는 아이가 그림책을 보도록 만들었다는 사동 표현으로도 이해할 수 있으므로 적절하다.

02 주제 · 제목 찾기　　　　　정답 | ①

해설 1문단에서 에너지 하베스팅 기술의 개념과 기본 원리를 언급하고, 2~5문단에서 에너지 하베스팅의 다양한 유형을 소개하고 있으므로 '에너지 하베스팅 기술의 원리와 유형'은 글의 주제로 적절하다.

| 오답풀이 |

② 1문단을 통해 에너지 하베스팅 기술의 메커니즘이 무엇인지 알 수 있지만, 단점에 대해서는 확인할 수 없으므로 글의 주제로 적절하지 않다.

③ 1문단에서 압전 효과와 정전기 유도 현상이 에너지 하베스팅 기술의 원리임은 알 수 있지만, 이에 대한 정의나 구분이 글의 핵심 내용은 아니므로 글의 주제로 적절하지 않다.

④ 열에너지와 전기에너지의 상관관계와 변환 원리는 언급되지 않았으므로 글의 주제로 적절하지 않다.

⑤ 에너지 하베스팅 기술이 무엇인지를 설명하고 있지만, 물리학에서 이를 바라보는 의미가 무엇인지를 다루고 있지 않으므로 글의 주제로 적절하지 않다.

03 문단 배열 　　　　　　　　　　정답 | ④

해설 첫 번째 문단에서 하이브리드차의 방식이 모터를 통해 엔진을 직접 구동하는 방식과 보조 수준의 방식으로 나뉨을 알 수 있으므로 이를 단서로 이어질 두 번째 문단을 찾아야 한다. 두 번째 문단으로 제시된 (가), (나), (라)를 비교해 보면, (가)에서 마일드 하이브리드는 모터만으로 구동계를 움직일 수 있는 보조 역할임을 알 수 있으므로 보조 수준의 방식에 대한 내용이고, (나)에서 직렬 하이브리드는 모터만으로 구동하는 특성임을 알 수 있으므로 모터를 통해 엔진을 직접 구동하는 방식에 대한 내용이므로 문맥상 (나)가 (가)보다 먼저 위치해야 한다. (라)의 경우 (라)에서는 혼합 하이브리드는 직렬과 병렬 2개 하이브리드를 합친 형태임을 알 수 있는데, (나)에서 직렬 하이브리드와 병렬 하이브리드에 대해 설명하고 있으므로 (나) 뒤에 (라)가 바로 연결되는 것이 적절하다. 이에 따라 (나)−(라)−(가) 순서로 연결되어야 한다. (다)의 경우 마일드 하이브리드에 대해 설명하고 있는데, '48V 마일드 하이브리드는 전압을 높여 12V보다 높은 수준으로 엔진을 보조한다.'를 통해 보조 수준의 방식에 대한 설명임을 알 수 있으며, '48V 마일드 하이브리드 시스템은 혼합 하이브리드 형태로'를 통해 마일드 하이브리드 시스템은 직렬과 병렬 2개 하이브리드를 합친 혼합 하이브리드 형태임을 알 수 있으므로 '혼합 하이브리드'에 대해 언급한 (가) 뒤에 연결되는 것이 적절하다. 따라서 '(나)−(라)−(가)−(다)'순으로 연결된 ④가 정답이다.

04 내용 일치 　　　　　　　　　　정답 | ②

해설 3문단에서 건물에너지 소비저감을 통해 저탄소 도시를 만들기 위해서는 제로에너지와 같은 뚜렷한 목표설정과 에너지 통합관리체계를 구축할 필요가 있음을 알 수 있다.

| 오답풀이 |

① 2문단에서 에너지혁신 시범사업지구를 지정하여 건물에너지 소비저감 정책을 시행하는 곳은 런던임을 알 수 있다.
③ 3문단에서 에너지 통합관리체계의 방법 중의 하나로 건

물에너지 소비저감 정책을 객관적으로 평가할 수 있는 평가모델을 구축하고 전문인력을 양성하는 것이 있음을 알 수 있지만, 런던에서 하고 있는지는 알 수 없다.
④ 1문단에서 우리나라 역시 저탄소 녹색성장 정책 아래 이같은 움직임에 동참하고 있으나 아직까지 가시적인 성과는 없는 실정임을 알 수 있다.
⑤ 2~3문단에서 뉴욕은 강력한 공공·민간 협력을 바탕으로 에너지 소비 혁신을 이끌고 있음을 알 수 있지만, 친환경 주거단지에 제로에너지 시범사업을 시행하기 위한 것인지는 알 수 없다.

05 내용 일치 　　　　　　　　　　정답 | ⑤

해설 4문단에서 인간은 쥐의 꼬리만 봐도 벽 뒤에 숨은 쥐 전체의 모습을 파악할 수 있다고 하였지만, 이것은 때와 장소, 현재의 관심 대상과 그 수준에 따라 달라진다고 하였으며 하나에 집중하면 다른 것은 눈에 뻔히 보여도 인식하지 못하고 지나칠 수 있다고 하였으므로 시각적 정보의 다층적 의미를 언제나 이해할 수 있다고 보기 어렵다.

| 오답풀이 |

① 1문단에서 눈 자체가 세상을 인식하는 것이 아니고, 눈동자를 통해 들어온 전기적 신호가 뇌의 시각 피질로 들어감으로써 이를 인식할 수 있음을 알 수 있으므로 시각 정보를 인식하는 것은 뇌의 역할이라 볼 수 있다.
② 1문단에서 눈동자, 망막, 시신경, 시각 피질을 거쳐 들어온 자극을 통해 세상을 '본다'고 느낀다고 하였으므로 복합적인 행위라 볼 수 있다.
③ 2문단에서 시각 피질은 복합적인 영역이지만 이들이 따로따로 의미 있는 존재가 아니라고 하였으므로 따라 분리되어 기능하는 것은 아님을 알 수 있다.
④ 4문단에서 뇌의 많은 영역이 오로지 시각이라는 감각 하나에 배정되어 있어 눈으로 들어오는 모든 정보를 처리하기 어려움을 알 수 있다.

06 빈칸 넣기 　　　　　　　　　　정답 | ①

해설 ㉠ 주민들의 참여를 기반으로 추진했다는 점에서 더 큰 의미가 있음을 이어주고 있으므로 '따라서'가 적절하다.
㉡ 지역민에게 이익이 환원되고, 이에 덧붙여 지역 경제 활성화를 위한 사업모델을 제시하고 있다는 것을 이어주고 있으므로 '그리고' 혹은 '또한'이 적절하다.

ⓒ 수익이 다양한 분야에 공유되고, 이와 더불어 투자수익도 얻을 수 있음을 이어주고 있으므로 '그리고' 혹은 '또한'이 적절하다.

07 추론   정답 | ⑤

해설 에너지 분야에서 빅데이터가 활용되면 신재생에너지 사용 비중을 높임으로써 화석연료 에너지의 사용을 줄일 수 있다고 하였으므로 이를 지구 온난화 문제의 해결 방법으로 활용할 수 있다는 반응은 적절하다.

| 오답풀이 |
① 에너지 분야에서 빅데이터 기술이 활용될 수 있는 가능성에 대해 다루고 있지만, 농작물 생산 분야에서 가장 큰 혜택을 받게 되는지는 알 수 없다.
② 신재생에너지 발전에 빅데이터 기술을 활용하면 안정적인 에너지 공급이 가능함은 알 수 있지만, 에너지 사용과 수요의 증가를 둔화시킨다고 보기 어렵다.
③ 빅데이터를 통해 화석연료 에너지의 사용량을 줄일 수는 있지만, 금지시킨다는 내용은 확인할 수 없다.
④ 신재생에너지 공급량을 늘리기 위해서는 에너지 공급이 안정되어야 하고, 빅데이터 기술이 활용되어야 함을 알 수 있다. 따라서 빅데이터 기술의 발전으로는 불가능하다는 반응은 적절하지 않다.

08 주제·제목 찾기   정답 | ⑤

해설 주어진 글은 한 방향으로 흐르는 목적론성 시간성을 벗어난 음악에 대해 설명하고 있는데, 이러한 음악을 작곡한 대표적인 작곡가인 치머만과 케이지의 음악을 중심으로 설명하고 있다. 따라서 글의 표제와 부제로는 '목적론성 시간성을 벗어난 음악─치머만과 케이지의 음악을 중심으로'의 ⑤가 적절하다.

09 추론   정답 | ③

해설 3문단에 따르면 중국은 인산철 배터리가, 우리나라는 삼원계 배터리가 주력 상품임을 알 수 있다. 그런데 삼원계 배터리 원료의 가격이 오르면서 인산철 배터리가 시장의 주력으로 떠오를 수 있다고 하면서 삼원계 배터리가 주력인 우리나라 배터리 회사들이 인산철 배터리 시장에 진출하려고 한다고 언급하고 있다. 이를 통해 우리나라는 배터리 시장에서 인산철 배터리의 주요 생산국인 중국을 견제하고 있음을 추론할 수 있다.

| 오답풀이 |
① 중국의 인산철 배터리가 삼원계 배터리보다 가격이 저렴하다는 것은 추론할 수 있으나 성능이 좋은지는 추론하기 어렵다.
② 2문단에 따르면 탄산리튬이나 코발트, 니켈 등 배터리의 주요 원재료들이 흔한 원자재가 아니기 때문에 앞으로도 배터리 가격은 지금보다 더 오를 가능성이 높다고 하였으므로 탄산리튬, 코발트, 니켈 가격은 시간이 지나면 떨어질 것이라는 추론은 적절하지 않다.
④ 주어진 글을 통해 전기차는 이미 보급되고 있는 상황임을 알 수 있고, 배터리 가격 상승에 대응하는 방안으로 인산철 배터리 시장에 진출하는 것을 언급하고 있으므로 배터리 가격 상승을 막기 위해 전기차의 보급 자체를 막아 버리는 것은 적절하지 않은 대응 방안이다.
⑤ 주어진 글에서는 배터리 가격이 오르는 원인으로 원재료 상승을 언급하고 있다. 즉 배터리 회사가 전기차를 개발한다고 하더라도 원재료 상승 문제가 해결되지 않았으므로 우리나라가 배터리 시장에서 우위를 점하게 될 것이라는 추론은 적절하지 않다.

10 응용수리(거리·속력·시간)   정답 | ⑤

해설 A와 B의 처음 출발할 때 1분에 가는 거리는 A가 $0.5 \times 60 = 30\text{m}$, B가 $2 \times 60 = 120\text{m}$이다. B가 집으로 돌아갔다가 다시 출발할 때 1분에 가는 거리는 $4 \times 60 = 240\text{m}$이다.
A가 40분 동안 이동한 거리는 $30 \times 40 = 1,200(\text{m}) = 1.2\text{km}$이다. B가 출발한 지 10분 뒤에 물건을 놓고 왔다는 것을 깨달았을 때는 $120 \times 10 = 1,200(\text{m}) = 1.2\text{km}$를 이동했을 때이고, 다시 돌아가는 데 소요된 시간은 $1,200 \div 240 = 5(\text{분})$이다. 이에 따라 B가 집에서 다시 출발하여 이동한 시간은 $40 - 10 - 5 = 25(\text{분})$이므로 25분 동안 이동한 거리는 $240 \times 25 = 6,000(\text{m}) = 6\text{km}$이다.
따라서 A가 이동한 거리 1.2km, B가 이동한 거리 1.2km, 1.2km, 6km를 합하면 거리의 합은 총 $1.2 + 1.2 + 1.2 + 6 = 9.6(\text{km})$이다.

11 응용수리(부등식)   정답 | ③

해설 구매하는 햄세트 개수를 x, 참치세트 개수를 y라고 할 때,

$25,000x + 20,000y \leq 20,000,000$이다.

마지막 [조건]에서 추가 구매를 진행하기 전에 구매하는 참치세트의 개수는 햄세트 개수의 3배라고 했으므로 $y = 3x$를 대입하면

$25,000x + 20,000 \times 3x \leq 20,000,000$

$\rightarrow x \leq 235.2941$이다.

이에 따라 햄세트는 최대 235개를, 참치세트는 $235 \times 3 = 705$(개)를 구매할 수 있다.

세 번째 [조건]에 따라 햄세트는 200개 이상 구매 시 5% 할인이 적용되므로 구매금액은 $25,000 \times 235 \times 0.95 + 20,000 \times 705 = 19,681,250$(원)이다. 이때 예산 2,000만 원에서 남은 금액은 $20,000,000 - 19,681,250 = 318,750$(원)이므로 남은 금액으로 구매할 수 있는 참치세트의 최대 개수는 $318,750 \div 20,000 = 15$(개)이다.

따라서 구매할 수 있는 참치세트는 최대 $705 + 15 = 720$(개)이다.

12 응용수리(경우의 수)　　　　정답 | ④

해설 회의실 A와 B에 부장은 고정으로 배정되므로 나머지 직급의 경우의 수를 계산하면 된다.

인원은 총 11명이고 회의실 A에는 6명, 회의실 B에는 5명이 배정된다.

부장 직급은 2명이고, 각 회의실에 고정 배정되므로 1가지 경우의 수만 가능하다.

과장 직급은 2명이고, 각 회의실에 최소 1명씩 배정되므로 2가지 경우의 수가 나온다.

부장과 과장 직급까지 배정되면 대리, 사원 직급은 회의실 A에 총 4명, 회의실 B에 총 3명의 인원이 배정된다. 각 회의실에 최소 1명씩 배정되므로 가능한 경우의 수는 다음과 같다.

구분	A 회의실	B 회의실
첫 번째 경우	(대리 1명, 사원 3명)	(대리 2명, 사원 1명)
두 번째 경우	(대리 2명, 사원 2명)	(대리 1명, 사원 2명)

이에 따라 첫 번째와 두 번째 경우에 따라 2개의 회의실에 배정되는 모든 경우의 수를 구하면

$_2C_1 \times {}_3C_1 \times {}_4C_3 + {}_2C_1 \times {}_3C_2 \times {}_4C_2 = 24 + 36 = 60$(가지)이다.

13 응용수리(확률)　　　　정답 | ③

해설 A팀은 A$-$B, A$-$C, A$-$D 총 3번의 경기

를 진행한다. 이때 경기 중에 승점 3점을 얻으려면 3번의 경기에서 비기거나, 2번의 경기에서 승리하고 1번의 경기에서 패배하면 된다.

이때 A팀이 이길 확률은 $\frac{1}{2}$, 비길 확률은 $\frac{1}{5}$이므로

패배할 확률은 $1 - \frac{1}{2} - \frac{1}{5} = \frac{3}{10}$이다.

따라서 A팀이 승점 3점을 얻을 확률은

$\left(\frac{1}{5}\right)^3 + {}_3C_2 \times \left(\frac{1}{2}\right)^2 \times \frac{3}{10} = \frac{233}{1,000}$이다.

14 자료이해　　　　정답 | ⑤

해설 ㉢ 2010년 비율은 $\frac{5.7}{4.4} ≒ 1.30$, 2020년 비율

은 $\frac{6.4}{2.1} ≒ 3.05$이므로 약 1.5배가 아닌 2배 이상

증가했기 때문에 옳지 않다.

㉣ 품목 수는 2013년 전년 대비 증가하여 2009년 이후 꾸준히 감소한 것은 아니므로 옳지 않다.

㉤ 품목 수 대비 금액의 비율의 전년 대비 증가율은

2014년이 $\frac{1.58 - 1.16}{1.16} \times 100 ≒ 36.2$(%),

2018년이 $\frac{2.65 - 2.14}{2.14} \times 100 ≒ 23.8$(%)로

2014년이 2018년보다 높으므로 옳지 않다.

따라서 옳지 않은 것은 ㉢, ㉣, ㉤이다.

| 오답풀이 |

㉠ $\frac{6조 원}{4,452억 원} = \frac{60,000억 원}{4,452억 원} ≒ 13.5$로, 13배 이상이므로 옳다.

㉡ $\frac{21천 종}{1만 2천 종} = \frac{21천 종}{12천 종} = 1.75$(배)이므로 옳다.

| 풀이 TIP |

㉢에서 비율은 금액(조 원)/품목 수(만 종)으로 구하므로 단위에 주의해야 한다. 표에 나온 품목의 단위는 '종'이고, 비율을 구할 때 쓰이는 단위는 '만 종'이다.

15 자료이해　　　　정답 | ②

해설 ㉠ 평택항에서 처리한 컨테이너 물동량의 전년

대비 증가율은 2017년 $\frac{643 - 623}{623} \times 100 ≒ 3.2$(%),

2018년 $\frac{690 - 643}{643} \times 100 ≒ 7.3$(%), 2019년

$\frac{725 - 690}{690} \times 100 ≒ 5.1$(%), 2020년 $\frac{792 - 725}{725}$

$\times 100 ≒ 9.2(\%)$, 즉 3% 이상 10% 미만의 범위에서 증가하였으므로 옳다.

ⓒ 2020년 전국 항만에서 처리한 자동차는 $1,260 \times \dfrac{100}{20} = 6,300$(천 대), 즉 63십만 대이므로 옳다.

따라서 옳은 것은 ㉠, ㉢이다.

| 오답풀이 |

ⓛ 2020년 부산항에서 처리한 총물동량은 평택항의 4배인 $106,845 \times 4 = 427,380$(천 톤), 즉 427,380,000톤이므로 옳지 않다.

㉣ 2020년 인천항에서 처리한 컨테이너 물동량은 $3:792=11:a$에서 $a = \dfrac{792 \times 11}{3} = 2,904$(천 TEU)이고, 2020년 군산항의 여객 수송 실적은 $24:40=11:$(군산항 여객 수송 실적)에서 (군산항 여객 수송 실적) $= \dfrac{40 \times 11}{24} ≒ 18$(천 명)이다.

따라서 2020년 군산항의 여객 수송 실적이 a천 명이라면 인천항에서 처리한 컨테이너 물동량은 $\dfrac{2,904}{18} ≒ 161(a$천 TEU)이므로 옳지 않다.

16 자료이해 정답 | ②

해설 ㉠ 2015~2020년 주택구입물량지수의 전국 평균 증감 방향은 감소, 감소, 감소, 증가, 증가, 감소이다. 이와 일치하는 지역은 인천, 울산, 경기, 전남으로 4개이다.

㉣ 세종을 제외한 2014년 대비 2020년 주택구입물량지수가 증가한 지역은 대구(57.9%), 강원(94.5%), 충북(85.7%), 충남(89%), 전북(88.9%), 경북(94.6%), 경남(85.8%)이다. 각 주택구입물량지수를 크기순으로 나열하면 57.9%, 85.7%, 85.8%, 88.9%, 89%, 94.5%, 94.6%이고, 이때의 중위 값은 88.9%이다.

따라서 옳은 것은 ㉠, ㉣이다.

| 오답풀이 |

ⓒ 2014~2020년 서울의 전체 주택 수는 알 수 없으므로 중위소득 가구가 구입 가능한 주택 수가 2020년까지 꾸준히 감소했는지는 알 수 없다.

ⓒ 2019년 부산과 인천의 전체 주택물량이 같다고 할 때, 2019년 부산의 중위소득 가구가 구입 가능한 주택물량은 인천의 $\dfrac{66.1}{65.2} ≒ 1.0$(배)로 1.1배 미만이다.

17 자료이해 정답 | ②

해설 2018년 조사거리 총합은 $\dfrac{1,930+333}{0.44 \times 100}$ $= \dfrac{2,263}{44} ≒ 51$(백 m), 약 5,100m이고, 2019년 조사거리 총합은 $\dfrac{2,436+260}{0.43 \times 100} = \dfrac{2,696}{43} ≒ 63$(백 m), 약 6,300m이고, 2020년 조사거리 총합은 $\dfrac{1,339+250}{0.46 \times 100} = \dfrac{1,589}{46} ≒ 35$(백 m), 즉 약 3,500m이므로 옳다.

| 오답풀이 |

① 2018년 조사지점 1개당 뉴트리아 포획 개체 수는 $\dfrac{1,930+333}{16} = \dfrac{2,263}{16} ≒ 141$(마리)이기 때문에 옳지 않다.

③ 2018년 조사지점 1개당 평균 조사거리는 $\dfrac{5,100}{16}$ $≒ 319$(m)이기 때문에 옳지 않다.

④ 2019년 조사지점 1개당 평균 조사거리는 $\dfrac{6,300}{7}$ $=900$(m)이고, 2020년 조사지점별 평균 조사거리는 $\dfrac{3,500}{6} ≒ 583$(m)이므로 2배 이하이기 때문에 옳지 않다.

⑤ 2020년 9월까지 월평균 포획 개체 수는 $\dfrac{1,339+250}{9}$ $= \dfrac{1,589}{9} ≒ 177$(마리)이고, 이때의 70%는 $177 \times 0.7 ≒ 124$(마리)이므로 2020년 총포획 개체 수는 $1,339+250+(124 \times 3)=1,961$(마리)로 2,000마리 미만이기 때문에 옳지 않다.

18 명제추리 정답 | ③

해설 위의 문제는 삼단논법과 대우를 활용한 대표적인 문제의 한 유형으로 역, 이, 대우를 활용한 문제 풀이 방법을 적용하여 정답을 도출한다.

효율적인 문제 풀이를 위해 '운동을 많이 하는 사람=A, 감기에 잘 걸리지 않음=B, 면역력이 약함=C'로 단순화한 뒤 삼단논법에 의해 정리해 보면 '전제 1'은 $A \rightarrow B$, '결론'은 $\sim B \rightarrow C$가 된다. 이때 '전제 1'의 대우는 $\sim B \rightarrow \sim A$로 결론을 도출하기 위해 필요한 '전제 2'는 $\sim A \rightarrow C$이다. 따라서 정답은 ③ '운동을 많이 하지 않는 사람($\sim A$)은 면역력이 약하다(C)'이다.

19 명제추리　　　　　　　　　　　　　정답 | ②

해설 p→q라는 명제가 있을 때 명제의 대우는 ~q→~p이며 명제와 그 대우의 참, 거짓은 일치한다는 전제를 활용하여 정답을 도출하는 유형의 문제로 각 명제와 명제의 대우를 정리한 후 보기에 따라 대입해 본다.

②의 경우 ⓒ'과일을 좋아하지 않는 사람은 빵을 좋아한다.'와 ⑩'빵을 좋아하는 사람은 야채를 좋아하지 않는다.' 이 두 명제에 의해 '과일을 좋아하지 않는 사람은 야채를 좋아하지 않는다.'라는 명제를 이끌어 낼 수 있다. 따라서 도출할 수 있는 결론과 일치하지 않으므로 정답은 ②이다.

| 오답풀이 |

① ⓒ의 대우인 '빵을 좋아하지 않는 사람은 과일을 좋아한다.'는 ⊙'과일을 좋아하는 사람은 디저트를 좋아한다.'와 이어지며, ⓛ의 대우인 '디저트를 좋아하는 사람은 고기를 좋아하지 않는다.'로 연결되어 '빵을 좋아하지 않는 사람은 고기를 좋아하지 않는다.'라는 명제가 성립된다.

③ ⓔ'생선을 좋아하지 않는 사람은 야채를 좋아한다.'는 ⑩의 대우인 '야채를 좋아하는 사람은 빵을 좋아하지 않는다.'와 연결되며, ⓒ의 대우인 '빵을 좋아하지 않는 사람은 과일을 좋아한다.'로 이어져 '생선을 좋아하지 않는 사람은 과일을 좋아한다.'라는 명제가 성립된다.

④ ⊙의 대우는 '디저트를 좋아하지 않는 사람은 과일을 좋아하지 않는다.'로 ⓒ'과일을 좋아하지 않는 사람은 빵을 좋아한다.'와 이어진다. 또한 ⓒ에 의해 ⑩'빵을 좋아하는 사람은 야채를 좋아하지 않는다.' 또한 참인 관계가 성립되며 ⑩은 ⓔ의 대우인 '야채를 좋아하지 않는 사람은 생선을 좋아한다.'와 이어진다. 따라서 결론적으로 '디저트를 좋아하지 않는 사람은 생선을 좋아한다.'라는 명제는 참이 된다.

⑤ ⑩의 대우인 '야채를 좋아하는 사람은 빵을 좋아하지 않는다.'로 ⓒ의 대우인 '빵을 좋아하지 않는 사람은 과일을 좋아한다.'와 이어지며 ⓒ은 ⊙'과일을 좋아하는 사람은 디저트를 좋아한다.'와 참인 관계가 성립되므로 '야채를 좋아하는 사람은 디저트를 좋아한다.'라는 명제는 참이 된다.

20 조건추리　　　　　　　　　　　　　정답 | ④

해설 주어진 [조건]을 바탕으로 확실하게 정해진 내용을 정리하면 다음과 같다.

구분	1등	2등	3등	4등	5등
선수	A				
국적		한국	일본		

D는 독일선수보다 순위가 높다고 했으므로 이에 따라 가능한 경우의 수를 나누면 다음과 같다.

－ 경우 1

구분	1등	2등	3등	4등	5등
선수	A	D	C		
국적	영국 or 미국	한국	일본	독일	미국 or 영국

－ 경우 2

구분	1등	2등	3등	4등	5등
선수	A	D	C		
국적	영국 or 미국	한국	일본	미국 or 영국	독일

－ 경우 3

구분	1등	2등	3등	4등	5등
선수	A		C	D	
국적	영국 or 미국	한국	일본	미국 or 영국	독일

경우 1, 2에 따라 ④는 항상 참이 될 수 없다.

| 오답풀이 |

① 경우 1, 2, 3에 따라 항상 참이다.
② 경우 1, 2에 따라 항상 참이다.
③ 경우 3에 따라 항상 참이다.
⑤ 경우 3에 따라 항상 참이다.

21 조건추리　　　　　　　　　　　　　정답 | ④

해설 먼저 주어진 [조건] 중에 확실하게 정해진 내용에 해당하는 세 번째, 네 번째, 마지막 [조건]을 표로 정리하면 다음과 같다.

구분	월	화	수	목	금
아침	국어		국어		
점심	수학	과학		과학	
저녁					

두 번째, 다섯 번째, [조건]에 따라 영어는 매일 학습하고, 이틀 연속으로 같은 시간대에 같은 과목을

학습할 수 없으므로 영어는 월요일 저녁, 화요일 아침에 학습한다. 이때 여섯 번째 [조건]에서 영어를 학습한 날의 이틀 후 같은 시간대에 사회를 학습한다고 했으므로 사회는 수요일 저녁, 목요일 아침에 학습한다. 이를 표로 정리하면 다음과 같다.

구분	월	화	수	목	금
아침	국어	영어	국어	사회	
점심	수학	과학		과학	
저녁	영어		사회		

이에 따라 수요일 점심, 목요일 저녁에 영어를 학습하고, 수요일의 이틀 후인 금요일 점심에 사회를 학습한다. 또한 목요일 저녁에 영어를 학습하므로 금요일에는 오전에 영어를 학습할 수 있다.

구분	월	화	수	목	금
아침	국어	영어	국어	사회	영어
점심	수학	과학	영어	과학	사회
저녁	영어		사회	영어	

따라서 목요일 아침에는 사회를 학습하므로 ④는 항상 거짓이다.

22 문제처리능력　　　　　　　　정답 | ④

해설　여러 사업체를 운영하고 있는 경우 대표 중 1명이 최대 4개의 사업체까지 지원을 받을 수 있으므로 2명의 대표가 공동으로 4개 사업체를 운영하고 있을 경우 최대 400만 원을 지원받을 수 있다.

| 오답풀이 |
① 16일에 폐업하여 '21. 12. 15. 기준 폐업 상태가 아니므로 지원금을 받을 수 있다.
② 매출 규모는 지원대상 여부를 결정하는 것과 관련이 있으며 지원금 액수와는 무관하다.
③ 영업시간 제한을 받지 않았어도 매출감소 기준에 의해 매출이 감소한 것으로 인정되면 지원금을 받을 수 있다.
⑤ 영업시간 제한 시설 중 시설확인 등이 필요한 업체는 영업시간 제한을 받지 않았으나 정부로부터 희망회복자금 등을 지급받은 업체보다 나중에 지원금을 지급받게 된다.

23 문제처리능력　　　　　　　　정답 | ⑤

해설　X부처에 지원한 A, B, D, E의 점수는 다음과 같다.

- A: $70 \times 0.5 + 80 \times 0.4 + 0 \times 0.1 = 67$(점)
- B: $90 \times 0.5 + 60 \times 0.4 + 100 \times 0.1 = 79$(점)
- D: $70 \times 0.5 + 50 \times 0.4 + 50 \times 0.1 = 60$(점)
- E: $90 \times 0.5 + 50 \times 0.4 + 100 \times 0.1 = 75$(점)

따라서 X부처는 B, E를 선발한다. 그다음 Y부처에 지원한 A, B, C, F 중 B를 제외한 나머지의 점수는 다음과 같다.

- A: $70 \times 0.4 + 80 \times 0.6 = 76$(점)
- C: $80 \times 0.4 + 80 \times 0.6 = 80$(점)
- F: $70 \times 0.4 + 50 \times 0.6 = 58$(점)

따라서 Y부처는 A, C를 선발하고, 남은 D, F를 Z부처가 선발한다.

24 문제처리능력　　　　　　　　정답 | ①

해설　피해 배상액을 산정하기 위해서는 가장 먼저 초과소음도를 측정하여야 한다. 초과소음도는 최고소음도와 등가소음도 중 높은 값을 기준으로 하므로 야간 1분 등가소음도와 세 번의 최고소음도 측정 값 중 가장 높은 55dB을 기준으로 하며 여기에 야간 최고소음도 수인한도 기준인 50dB을 차감한 5dB이 초과소음도 값이 된다.

단, 문제가 발생한 주택은 라멘조로 건축물에 따른 보정에 의해 3dB을 차감한다. 또한 행위의 특성에 따른 보정에 의하면 소음의 원인자가 만 6세 이하의 어린이인 경우 1dB을 보정하므로 보정치를 적용한 최종 초과소음도는 $5 - 3 - 1 = 1$(dB)이다.

피해 배상액 산정표에서 1dB은 5dB미만에 해당하며 피해기간은 10개월로 1년 이내이므로 피해배상액은 인당 442,000원이다.

단, 피해 대상자 4인 중 1인이 수험생이므로 1인에 대해서는 피해배상액에 20%를 가산하여야 하며, 등가소음도와 최고소음도가 주간과 야간 모두 수인한도를 초과하므로 전체 피해배상액에 30%를 가산하여야 한다.

따라서 최종 피해배상액은 $\{(442,000 \times 3) + (442,000 \times 1 \times 1.2)\} \times 1.3 = 2,413,320$(원)이다.

25 문제처리능력　　　　　　　　정답 | ⑤

해설　직접비용 비목은 인건비, 장비 및 재료비, 여비 및 조사비이다. 따라서 직접비용은 $58,200,000 + 10,000,000 + 2,000,000 = 70,200,000$(원)이다.

매달 만나는 최신 취업 트렌드, 에듀윌 공기업 월간NCS

MEMO

MEMO

MEMO

MEMO

월간NCS 실전모의고사 1회

감독확인란

성명

수험번호

출생(생년을 제외한) 월일

번호	①	②	③	④	⑤
01	①	②	③	④	⑤
02	①	②	③	④	⑤
03	①	②	③	④	⑤
04	①	②	③	④	⑤
05	①	②	③	④	⑤
06	①	②	③	④	⑤
07	①	②	③	④	⑤
08	①	②	③	④	⑤
09	①	②	③	④	⑤
10	①	②	③	④	⑤
11	①	②	③	④	⑤
12	①	②	③	④	⑤
13	①	②	③	④	⑤
14	①	②	③	④	⑤
15	①	②	③	④	⑤
16	①	②	③	④	⑤
17	①	②	③	④	⑤
18	①	②	③	④	⑤
19	①	②	③	④	⑤
20	①	②	③	④	⑤
21	①	②	③	④	⑤
22	①	②	③	④	⑤
23	①	②	③	④	⑤
24	①	②	③	④	⑤
25	①	②	③	④	⑤

월간NCS 실전모의고사 2회

성명

수험번호

출생(생년월일 제외한) 월일

	①	②	③	④	⑤
01	①	②	③	④	⑤
02	①	②	③	④	⑤
03	①	②	③	④	⑤
04	①	②	③	④	⑤
05	①	②	③	④	⑤
06	①	②	③	④	⑤
07	①	②	③	④	⑤
08	①	②	③	④	⑤
09	①	②	③	④	⑤
10	①	②	③	④	⑤
11	①	②	③	④	⑤
12	①	②	③	④	⑤
13	①	②	③	④	⑤
14	①	②	③	④	⑤
15	①	②	③	④	⑤
16	①	②	③	④	⑤
17	①	②	③	④	⑤
18	①	②	③	④	⑤
19	①	②	③	④	⑤
20	①	②	③	④	⑤
21	①	②	③	④	⑤
22	①	②	③	④	⑤
23	①	②	③	④	⑤
24	①	②	③	④	⑤
25	①	②	③	④	⑤

수험생 유의사항

(1) 아래와 같은 방식으로 답안지를 바르게 작성한다.
[보기]   ①   ②   ●   ④   ⑤
(2) 성명란은 왼쪽부터 빠짐없이 순서대로 작성한다.
(3) 수험번호는 각자 자신에게 부여 받은 번호를 표기하여 작성한다.
(4) 출생 월일은 출생연도를 제외하고 작성한다.
    (예) 2002년 4월 1일은 0401로 표기한다.

eduwill

취업에 강한 에듀윌 시사상식
86개월 베스트셀러 1위*

2020·2021

2년 연속 우수콘텐츠잡지 선정!

 우수콘텐츠잡지
2021

· 월별 Cover Story
· 정치·경제·사회 등 분야별 최신상식
· 취업트렌드 & 꿀팁을 알려주는 생생 취업정보
· 최신 논술 분석! ISSUE & 논술·찬반
· 매달 업데이트! 최신 시사상식 무료특강

하루아침에 완성되지 않는 취업상식,
#정기구독 으로 완성하세요!

정기구독 신청 시 정가 대비 10% 할인+배송비 무료	정기구독 신청 시 선물 증정	6개월/12개월/무기한 기간 설정 가능

※ 구독 중 정가가 올라도 추가 부담없이 이용할 수 있습니다.
※ '매월 자동 결제'는 매달 20일 카카오페이로 자동 결제되며, 구독 기간을 원하는 만큼 선택할 수 있습니다.
※ 자세한 내용은 정기구독 페이지를 참조하세요.

* 알라딘 수험서/자격증 취업/상식/적성 월간 이슈&상식 베스트셀러1위 (2012년 5월~7월, 9월~11월, 2013년 1월, 4월~5월, 11월, 2014년 1월, 3월~11월, 2015년 1월, 3월~4월, 10월, 12월, 2016년 2월, 7월~12월, 2017년 8월~2022년 1월 월간 베스트)

정기구독
신청·혜택 바로가기

베스트셀러 1위! 1,824회 달성*
에듀윌 취업 교재 시리즈

공기업 NCS | 쏟아지는 100% 새 문항*

월간NCS
NCS BASIC 기본서 | NCS 모듈형 기본서
NCS 모듈학습 2021 Ver. 핵심요약집

NCS 통합 기본서/봉투모의고사
NCS 피듈형 | 행과연 봉투모의고사
PSAT형 NCS 자료해석 실전 380제
매일 1회씩 꺼내 푸는 NCS

한국철도공사 | 부산교통공사
서울교통공사 | 5대 철도공사·공단
국민건강보험공단 | 한국전력공사
한국전력+7대 에너지공기업

한수원+5대 발전회사
한국수자원공사 | 한국수력원자력
한국토지주택공사 | IBK 기업은행
인천국제공항공사

NCS를 위한 PSAT 기출완성 시리즈
NCS, 59초의 기술 시리즈
NCS 6대 출제사 기출PACK
NCS 10개 영역 찐기출문제집

대기업 인적성 | 온라인 시험도 완벽 대비!

대기업 인적성 통합 기본서

GSAT 삼성직무적성검사

LG그룹 인적성검사

SKCT SK그룹 종합역량검사
롯데그룹 L-TAB

농협은행
지역농협

취업상식 1위!

월간 시사상식

多통하는 일반상식
상식 통합대비 문제풀이집

공기업기출 일반상식
언론사기출 최신 일반상식
기출 금융경제 상식

자소서부터 면접까지!

NCS 자소서&면접
실제 면접관이 말하는 NCS 자소서와
면접_인문·상경계/이공계

끝까지 살아남는 대기업 자소서

더 많은
에듀윌 취업 교재

취업, 공무원, 자격증 시험준비의 흐름을 바꾼 화제작!
에듀윌 히트교재 시리즈

에듀윌 교육출판연구소가 만든 히트교재 시리즈!
YES24, 교보문고, 알라딘, 인터파크, 영풍문고 등 전국 유명 온/오프라인 서점에서 절찬 판매 중!

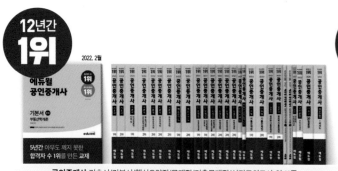
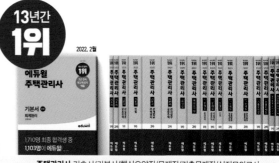

공인중개사 기초서/기본서/핵심요약집/문제집/기출문제집/실전모의고사 외 11종

주택관리사 기초서/기본서/핵심요약집/문제집/기출문제집/실전모의고사

7·9급공무원 기본서/단원별 기출&예상 문제집/기출문제집/기출팩/실전, 봉투모의고사

공무원 국어 한자·문법·독해/영어 단어·문법·독해/한국사 흐름노트/행정학 요약노트/행정법 판례집/헌법 판례집

7급공무원 PSAT 기본서/기출문제집   계리직공무원 기본서/문제집/기출문제집   군무원 기출문제집/봉투모의고사   경찰공무원 기본서/기출문제집/모의고사/판례집/면접   소방공무원 기출문제집/실전, 봉투모의고사   맞춤형 화장품 조제관리사

검정고시 고졸/중졸 기본서/기출문제집/실전모의고사/총정리   사회복지사(1급) 기본서/기출문제집/핵심요약집   직업상담사(2급) 기본서/기출문제집   경비 기본서/기출/1차 한권끝장/2차 모의고사   전기기사 필기/실기/기출문제집   전기기능사 필기/실기

한국사능력검정시험 기본서/2주끝장/기출/우선순위50/초등

조리기능사 필기/실기

제과제빵기능사 필기/실기

SMAT 모듈A/B/C

ERP정보관리사 회계/인사/물류/생산(1, 2급)

전산세무회계 기초서/기본서/기출문제집

어문회 한자 2급 | 상공회의소한자 3급

ToKL 한권끝장/2주끝장

KBS한국어능력시험 한권끝장/2주끝장/문제집/기출문제집

한국실용글쓰기

매경TEST 기본서/문제집/2주끝장

TESAT 기본서/문제집/기출문제집

스포츠지도사 필기/실기구술 한권끝장

산업안전기사 | 산업안전산업기사

위험물산업기사 | 위험물기능사

무역영어 1급 | 국제무역사 1급

운전면허 1종·2종

컴퓨터활용능력 | 워드프로세서

월간시사상식 | 일반상식

월간NCS | 매1N

NCS 통합 | 모듈형 | 피듈형

PSAT형 NCS 수문끝

PSAT 기출완성 | 6대 출제사 | 10개 영역 찐기출

한국철도공사 | 서울교통공사 | 부산교통공사

국민건강보험공단 | 한국전력공사

한수원 | 수자원 | 토지주택공사

행과연 | 휴노형 | 기업은행 | 인국공

대기업 인적성 통합 | GSAT

LG | SKCT | CJ | L-TAB

ROTC·학사장교 | 부사관

꿈을 현실로 만드는
에듀윌

DREAM

공무원 교육
- 선호도 1위, 인지도 1위!
  브랜드만족도 1위!
- 합격자 수 1,800% 폭등시킨
  독한 커리큘럼

종합출판
- 4대 온라인서점 베스트셀러 1위!
- 출제위원급 전문 교수진이
  직접 집필한 합격 교재

공기업 · 대기업 취업 교육
- 브랜드만족도 1위!
- 공기업 NCS, 대기업 직무적성,
  자소서와 면접까지
  빈틈없는 온·오프라인 취업 지원

자격증 교육
- 6년간 아무도 깨지 못한 기록
  합격자 수 1위
- 가장 많은 합격자를 배출한
  최고의 합격 시스템

학점은행제
- 96.9%의 압도적 과목 이수율
- 14년 연속 교육부 평가 인정 기관 선정

부동산 아카데미
- 부동산 실무 교육 1위!
- 전국구 동문회 네트워크를 기반으로 한
  고소득 창업 비법
- 부동산 실전 재테크 성공 비법

직영학원
- 직영학원 수 1위, 수강생 규모 1위!
- 표준화된 커리큘럼과 호텔급 시설
  자랑하는 전국 50개 학원

콘텐츠 제휴 · B2B 교육
- 고객 맞춤형 위탁 교육 서비스 제공
- 기업, 기관, 대학 등 각 단체에 최적화된
  고객 맞춤형 교육 및 제휴 서비스

국비무료 교육
- 자격증 취득 및 취업 실무 교육
- 4차 산업, 뉴딜 맞춤형 훈련과정

교육
문의 **1600-6700** www.eduwill.net

eduwill